U0909131

山西师范大学经济优势专业建设项目（2017YSZY-06）、2018年度山西省高校人文社科重点研究基地项目：行业协会促进山西制造业转型升级的路径研究（0503）、山西师范大学统计学优质课程建设项目（2017YZKC-18）联合资助

中国农村土地证券化问题研究

A STUDY ON THE RURAL LAND SECURITIZATION IN CHINA

鲍　杰◎著

经济管理出版社
ECONOMY & MANAGEMENT PUBLISHING HOUSE

图书在版编目（CIP）数据

中国农村土地证券化问题研究/鲍杰著．—北京：经济管理出版社，2019.6
ISBN 978-7-5096-6589-3

Ⅰ.①中… Ⅱ.①鲍… Ⅲ.①农村—土地问题—资产证券化—研究—中国 Ⅳ.①F321.1 ②F832.51

中国版本图书馆 CIP 数据核字（2019）第 089103 号

组稿编辑：杜 菲
责任编辑：杜 菲
责任印制：黄章平
责任校对：张晓燕

出版发行：经济管理出版社
（北京市海淀区北蜂窝 8 号中雅大厦 A 座 11 层 100038）
网 址：www. E-mp. com. cn
电 话：（010）51915602
印 刷：北京虎彩文化传播有限公司
经 销：新华书店
开 本：720mm×1000mm/16
印 张：12.75
字 数：149 千字
版 次：2019 年 6 月第 1 版 2019 年 6 月第 1 次印刷
书 号：ISBN 978-7-5096-6589-3
定 价：68.00 元

前言

“三农”是我国经济发展与社会稳定的基础，能不能解决好“三农”问题关系到我国经济建设的成败和现代化进程。自中华人民共和国成立以来，尤其是家庭联产承包责任制推行以来，我国农业和农村经济建设取得了巨大的成就，但也逐渐暴露出农村土地利用过于分散、农业投资严重不足、城乡收入差距加大等一系列问题，影响了我国农村经济的进一步发展，现阶段“三农”问题已经成为制约我国经济社会持续健康发展的瓶颈。“三农”问题的解决离不开资金的支持，而农村土地证券化是资产证券化理论在农村土地利用中的具体运用，是解决农业发展资金难题的有效方法，能对“三农”问题的解决起到积极的作用。

在国内外研究的基础上，本书将农村土地证券化定义为：在土地规模化、集约化利用的基础上，通过结构性安排，将一定期限内土地的未来收益转化成可流通的证券的过程。通过证券化，将原本缺乏流动性且不易拆分的农村土地变成了可以拆分的小额可交易证券，从而使其流动性大大增强，提高了资源的配置效率。农村土地证券化能够为农业发展筹集资金，促进我国农业向规模化、机械化经营方向发展，有利于缩小城乡收入差距和优化资源配置。从农村土地特点、资产证券化实践和法律法规等方面来看，我国目前基本具备了实施农村土地证券化的现实条件。

农民是农业经济行为的最终实施主体和重要的微观基础，农村制度的创新必须考虑农民的认知水平和真实的想法，尊重农民的意愿，否则可能产生严重的社会问题，农村土地证券化也不例外，因此农户的意愿及其影响因素的研究应该是我国研究的一个重要部分。本书运用湖北省农户抽样问卷调查的数据进行实证研究，分析了农户家庭基本特征、财产和收入情况、承包土地耕作条件和区域环境四大类因素对农户农村土地证券化意愿的影响。研究结果表明，农户家庭的男性人数、在读学生人数、高中以上学历人数、种植业收入、经营性收入、生活性支出、土地面积对农户的土地证券化意愿有着显著的正向影响，户均年龄、房屋造价和务工收入有着显著的负向影响，丘陵和山地地区农户的土地证券化诉求高于平原地区，国家级贫困县地区农户的证券化意愿高于省会城市和调查的其他地区。农户家庭人口数量、养殖业收入和农业支出等因素对农村土地证券化意愿无显著影响。

农村土地证券化最先产生于欧洲，后扩展到其他国家和地区，为发达国家的农业发展做出过重要贡献，现在西方国家已经形成了相对完善的农村土地证券化制度。亚洲日本形成了比较适合当地情况的农村土地证券化制度和运营环境。日本的情况与我国接近，有学者认为战后日本资本主义的起死回生是建立在其农村土地改革的基础之上的，所以其经验值得我们学习和借鉴。本书在分析美国、德国、日本三个发达国家实践经验的基础上，提出了我国农村土地证券化实践的机制设计，介绍了资产证券化定价常用的理论模型，还设计出三种农地证券化产品，采用 Monte Carlo 法模拟我国农村土地证券的定价过程。

在全书最后提出，虽然我国目前推行农村土地证券化的条件已经基本具备，但是还存在一些障碍因素，为此我国应该完善相关法律法规，加强政府职能改革，促进中介服务机构的发展，健全风险防范机制，为我国农村土地证券化的顺利推进创造良好的条件。

Abstract

Agriculture, rural areas and farmers are the foundation of China's economic development and social stability, whether or not the issue of agriculture, rural areas and farmers is well resolved is related to the China's economics and the progress of China's modernization. China's rural economic development has madegreat progress since the founding of new China, especially since the implementation of the household contract responsibility system, but it also gradually revealed a series of problems in practice such as the use of the agricultural land are too scattered, the gravity of under - investment in agriculture, and a growing gap between urban and rural incomes, has obstructed the further development of rural economy and society. The issue of agriculture, rural areas and farmers has become a bottleneck restricting the sustainable and healthy development of China's economic and social development at the present stage. The issue of agriculture, rural areas and farmers can not be solved without the support of funds, the rural land securitization is the specific application of the theory of asset securitization in the rural land use, is an effective way to solve the financial problems in agricultural development, can play a positive role in the solution of the issue of agriculture, rural areas and farmers.

On the basis of domestic and foreign research, this paper defines the rural land securitization as: On the basis of demutualization, intensive utilization of land, future revenue within a certain period be converted into negotiable securities through structured arrangement. The illiquid rural land that hard to split is convert into a small tradable, Splittable securities, it can improve liquidity thus makes the resources allocationmore efficient and effective. The rural land securitization can raise funds for agricultural development, promoting agricultural develop in the direction of scale, mechanization operation, and is benefit for decreasing the urban - rural income gap and optimizing the allocation of resources, the system innovation it caused will have significant impact on the development of rural areas and the whole society. From the characteristics of rural land, asset securitization practices, laws and regulations, China has meet the basic conditions for the implementation of rural land securitization at present.

Farmers are the ultimate implementation subject and micro - foundation of agricultural economy, the rural system innovation must consider the cognitive level and true attitudes of the farms, respect their willingness, otherwise it may cause serious social problems, the rural land securitization is no exception, so the research of farmers' willingness and influencing factors should be an important part of the research in our country at present. This paper use rural sampling survey data of Hubei Province for empirical research, analyzed the influence of basic characteristics of farmer household, property and income, contract land farming conditions and regional environmental four major categories of factors to rural land securitization willingness. The results show that the numbers of males of the household, the number of students, the number of people have high school background or above, farming income, business income, land area of have significant positive effects to farmers' land securitization willingness, average age, housing costs and labor income has a significant negative effect, land securitization appeals of farmers that in hilly and mountain areas are higher than plain areas, the land securitization willingness of people that in state – level poverty – stricken counties is higher than the provincial capital city and other areas. The number of household population, breeding income and agricultural expenditure has no significant effect on the willingness of rural land securitization.

The rural land securitization was first born in Europe, then expanded to other countries and regions, and made important contributions to the development of agriculture in the developed countries. After nearly 250 years of development, the western countries have formed a relatively complete system of rural land securitization. In Asia, Japan also formed a more suitable for local conditions of the rural land securitization system and operational environment. The conditions of Japan and China are similar, scholars believe that the post – war Japanese capitalism to bring the dead back to life is built on the basis of the land reform in the rural areas, so the experience is worth our studying and using for reference. The paper describe the China's rural land securitization practice process design on the basis of the experience of the United States, Germany, Japan and other developed countries, presented the mechanism of China's rural land securitization practice, and introduces the asset securitization pricing theory models are commonly used to design three kinds of rural land securitization products, using Monte Carlo method to simulate the pricing process of China's rural land secutities.

Finally, this paper proposes that although China's current implementation of rural land securitization has already basically, but there are still some obstacles. Therefore China should improve the relevant laws and regulations, strengthen the reform of government functions, to promote the development of intermediary service institutions, a sound risk prevention mechanism, for the smooth progress of China's rural land securitization to create good conditions.

目 录

第一章 绪论 ………………………………………… 001

一、研究背景和意义 ………………………………… 001

二、文献综述 ………………………………………… 008

三、研究思路、内容及方法 ………………………… 020

四、研究创新点 ……………………………………… 025

第二章 农村土地证券化的理论基础 ……………… 027

一、相关概念的界定 ………………………………… 027

二、农村土地证券化的相关理论 …………………… 031

三、本章小结 ………………………………………… 048

第三章 农村土地证券化的作用及现实条件 ……… 050

一、中国农村土地制度概述 ………………………… 050

二、农村土地证券化的作用 ………………………… 059

三、中国实施农村土地证券化的现实条件 ………… 069

四、本章小结 ………………………………………… 075

第四章　农村土地证券化意愿及影响因素的实证研究 ……… 076

一、变量选择与模型构建 ………………………………… 077
二、数据来源与描述性统计 ……………………………… 083
三、本章研究结论 ………………………………………… 095
四、本章小结 ……………………………………………… 099

第五章　发达国家和地区的农村土地证券化实践及启示 …… 101

一、美国的实践 …………………………………………… 101
二、德国的实践 …………………………………………… 106
三、日本的实践 …………………………………………… 109
四、对中国的启示 ………………………………………… 113
五、本章小结 ……………………………………………… 115

第六章　中国农村土地证券化的机制设计 ……………… 116

一、中国准农村土地证券化实践 ………………………… 116
二、参与主体的选择 ……………………………………… 121
三、中国农村土地证券化的流程构建 …………………… 124
四、农村土地证券化的价格确定 ………………………… 126
五、本章小结 ……………………………………………… 136

第七章　中国实施农村土地证券化的政策建议 ………… 137

一、指导思想 ……………………………………………… 137
二、进一步加强农村土地制度改革 ……………………… 139
三、建立健全农村土地证券化的运行机制 ……………… 142
四、完善风险防范机制 …………………………………… 148

五、本章小结 …………………………………………………… 151

第八章 研究结论及研究展望 ………………………………………… 152

一、研究结论 …………………………………………………… 152
二、研究展望 …………………………………………………… 155

附 录 …………………………………………………………… 156

一、对农村土地问题的问卷调查 ……………………………… 156
二、农村土地证券产品1定价的Matlab程序 ………………… 158
三、农村土地证券产品2定价的Matlab程序 ………………… 160
四、可回购期权模拟的Matlab程序 …………………………… 162

参考文献 …………………………………………………………… 164

后 记 …………………………………………………………… 186

第一章
绪论

一、研究背景和意义

（一）研究背景

农业是人类的衣食之源，也是人类社会其他经济活动的前提和基础，尤其是对我国这样一个人口大国而言，农业更是有着非常重要的意义。工业化和城市化必须以农业的改良和农村经济的发展为基础和先导，至少是同步发展，才能实现整体经济的现代化发展。我国农民数量众多，2017 年底我国农村人口约为 5.77 亿，占总人口数量的 41.48%[①]，常住人口城镇化率达到

① 数据来源：中国统计局官方网站，http：//data. stats. gov. cn/tolframe. htm？id＝591.

58.52%，户籍人口城镇化率约为42.35%[①]。作为一个农业人口大国，可以说“三农”问题关系到我国经济发展与社会稳定的基础，是中国改革和现代化建设的根本问题和首要问题，解决好“三农”问题关系到我国的经济发展和现代化进程。2004～2018年，中央一号文件连续15年都把“三农”问题放在首要位置，这充分说明了“三农”问题的重要性。

中华人民共和国成立以来，尤其是家庭联产承包责任制推行以来，我国农村经济建设取得了巨大成就，已经基本实现了小麦、大米等主要粮食作物的自给自足。1949年我国粮食总产量11320万吨，到了2017年末粮食产量达到61793万吨、谷物产量56457.07万吨。其中稻谷和小麦的产量分别为20855.98万吨和12977.41万吨、玉米产量21589.06万吨。我国从1949年以来历年粮食产量如图1－1所示。1949年全国农民人均纯收入44元，2017年农村居民人均可支配收入达到12432.43元，较2016年增长了8.6%。改革开放至今农民人均纯收入如图1－2所示。可见我国农业有了长足的进步，生产率大幅提升，农民收入得到了明显改善。

但不可否认的是，与此同时农村土地利用过于分散、农业投资严重不足、城乡收入差距加大等一系列问题逐渐暴露出来，影响了我国农村经济的进一步发展。目前我国农户的户均耕地经营规模约7.5亩，相当于欧盟的1/40、美国的1/400。在城乡收入差距方面，2017年我国城乡收入比约为2.71%，绝对差距高达22963.76元，改革开放以来城乡绝对收入差距如图1－3所示。

① 数据来源：中华人民共和国2017年国民经济和社会发展统计公报［R］．中国统计局，2018.

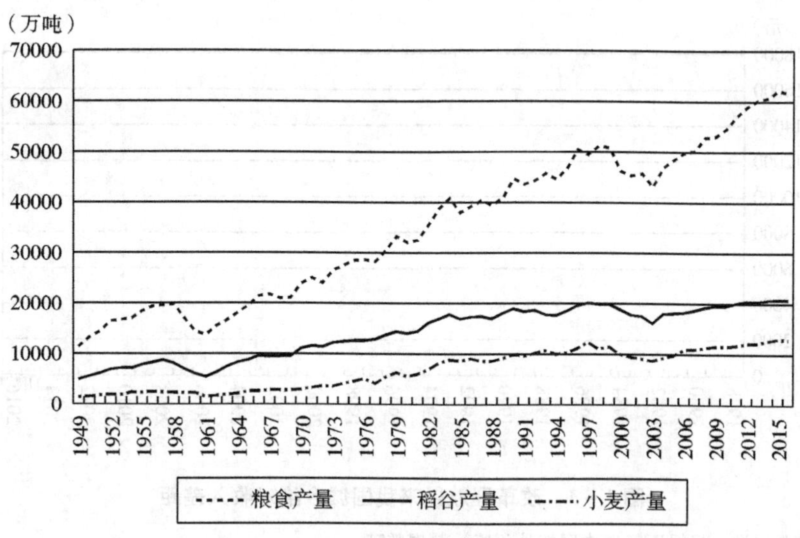

图 1-1 1949 年以来我国历年粮食产量

资料来源：根据历年《中国统计年鉴》数据整理。

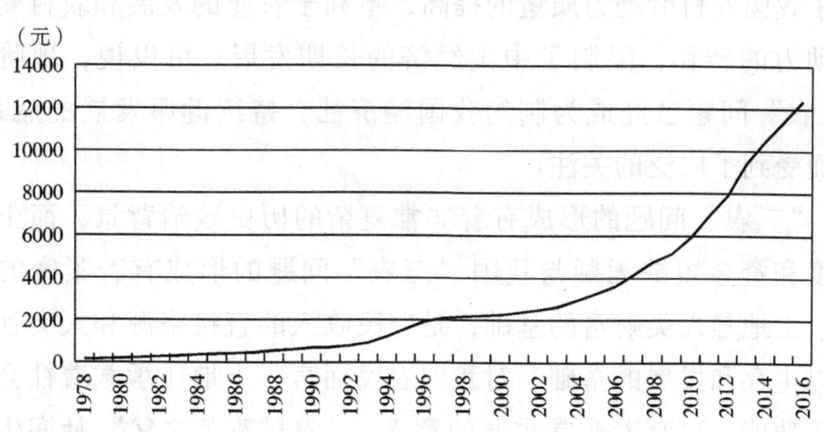

图 1-2 改革开放以来我国农民人均可支配收入

注：从 1978 年起我国采用农村居民人均纯收入指标，从 2013 年起采用农村居民人均可支配收入统计指标。

资料来源：根据历年《中国统计年鉴》数据整理。

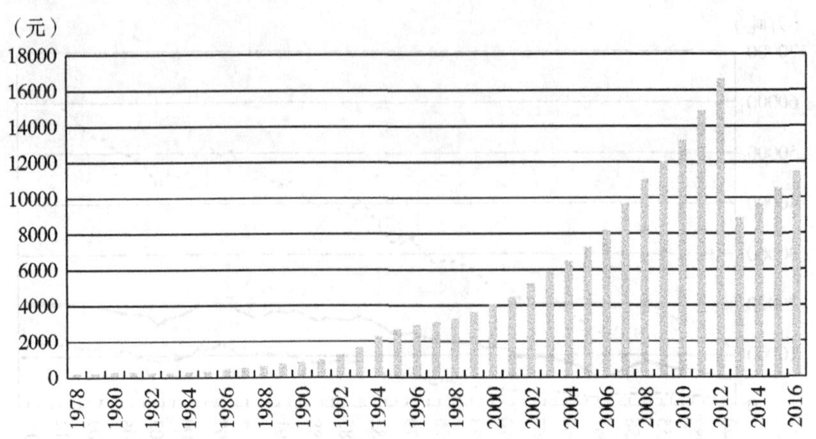

图1-3 改革开放以来我国城乡绝对收入差距

资料来源：根据历年《中国统计年鉴》数据整理。

过大的城乡收入差距限制了农民对自身人力资本的投资，进而影响了我国农村劳动力质量的提高，不利于农业的发展和农村剩余劳动力的转移，限制了中国经济的长期发展。可以说，现阶段"三农"问题已经成为制约我国经济社会持续健康发展的瓶颈，因而受到了广泛的关注。

"三农"问题的形成有着非常复杂的历史政治背景，而土地制度和资金短缺无疑与我国"三农"问题的形成有着紧密的联系。土地是人类财富的基础，是农民收入的直接来源和人类社会赖以生存和发展的基础，对我国农民而言，土地还承载着社会保障等功能，更有着非常重要的意义。"农村改革之父"杜润生就强调：中国最大的问题是农民问题，农民最大的问题是土地问题[①]。发展经济学奠基人张培刚则认为，土地制度是决定农村能

① 法制晚报，http://dzb.fawan.com/html/2015-10/10/content_578906.htm.

否持续健康发展的最根本的因素①。合理的土地制度能促进农业生产效率的提高，不合理的土地制度会对农业生产和农村经济产生不良影响甚至影响社会稳定。要想妥善解决“三农”问题，持续、大量资金的投入必不可少。整体而言，我国农村金融一直朝着惠农的方向发展，但由于“重城市、轻农村”的思想根深蒂固，在实际工作中金融资源更多地向城市倾斜，农户融资难问题一直未得到根本解决。据《中国农村家庭金融发展报告（2014)》的数据显示，我国农村家庭有着强烈的贷款意愿，但仅有27.6%左右能够获得正规信贷，远低于40.5%的全国平均水平。我国已经开展了农地抵押贷款的试点工作，但在实践中出现了定位不明确、经营权和抵押权无法得到充分保障等问题，很多地区只是为了“面子工程”扶持几个典型案例，并未大规模开展农地抵押贷款业务，对农业的帮助作用有限。利基研究院发布的《我国农村金融发展报告（2017)》也显示，我国农民“融资难”问题依然未得到很好的解决。

资产证券化是20世纪最伟大的金融创新之一，也是未来金融发展的重要方向，自产生以来就展现出强大的生命力。作为一种结构化的融资方式，资产证券化将流动性较差但能产生稳定收益的资产转换成可以在金融市场流通的证券，提高了资产的流动性，促进资源的优化配置，提高资本的使用效率，拓宽融资渠道降低融资成本，已经成为欧美发达国家主要的融资方式之一。有学者研究认为，农村土地证券化是资产证券化理论在农村土地问题中的具体运用，是解决农业发展资金难题的有效方法，有助于我国“三农”问题的解决。农村土地证券化是指在土地规模化、

① 张培刚．发展经济学教程［M］．北京：经济科学出版社，2001.

集约化利用的基础上，通过结构性安排，将一定期限内土地的未来收益转化成可以流通的证券的过程。通过证券化，将原本缺乏流动性不易拆分的农村土地变成了可以拆分的小额可交易证券，增强了资源的流动性，它不仅能为农业发展筹集资金，其引发的体制创新还会对农村乃至整个社会的发展产生重大影响。本书拟通过对相关理论的梳理，揭示农村土地证券化的意义，探索我国利用农村土地证券化解决“三农”问题的有效途径。

（二）研究意义

我国现阶段实行的家庭联产承包责任制是经过几次变迁后最终确立的，是公认的中国农村土地制度变革的成功案例，促进了我国农业长期持续增长，曾经取得过巨大的成功。林毅夫（1994）研究认为，农村经济制度向家庭联产承包责任的转变是我国 1978 ~ 1984 年农业产出增长的主要原因。McMillan、Whalley 和 Zhu（1989），乔榛、焦方义和李楠（2006）等的研究也认为，制度变迁是改革开放之初我国农业增长的主要动力。但是骆友生和张红宇（1995）提出，家庭联产承包责任制会表现出农户缺乏稳定预期、无法实现土地较大范围流转等缺陷，这是由于外部因素对制度创新的侵蚀所导致的。姚洋（1998）也认为，家庭联产承包责任制有着承包经营权不稳定、界限不清晰等先天制度缺陷，不利于农民对土地的长期投资。陈爱娟和方浩（2004）分析指出，生存导向型的家庭联产承包责任制从诞生的那一刻起就不可避免地产生了内在缺陷，表现为产权残缺、土地流转低效等。到 20 世纪 90 年代以后，我国土地制度创新的效用基本释放，粮食产量增长率下降，1996 ~ 2000 年的增长率甚至为负。时至今日，我国土地利用中存在的问题越来越明显。

我国“三农”问题的根本原因在于农业生产率不高、农民收入低下的问题还未得到彻底解决。现阶段我国农业正处于传统农业生产方式向现代农业生产方式转变的关键时期，先进农业科学技术和生产机械的广泛应用是现代农业的显著特点。但是由于我国土地经营过于分散、细碎化，大大限制了先进机械设备和农业科技的推广，影响了农业的现代化进程，农民也无法单纯通过经营耕地实现收入的大幅增加。农村土地证券化是促进农业规模化经营、增加农业融资渠道、提高农民收入和改善城乡收入差距的有效方法，美国、德国、日本等发达国家的成功经验表明，农村土地证券化能够在增加农业融资渠道、降低融资成本和促进农业发展方面发挥积极的作用。对农村土地证券化的深入研究不仅能够丰富相关理论研究的内容，而且能为国家协调城乡发展提供理论工具和政策指导，因此对农村土地证券化的研究具有较强的理论和现实意义。我国农村土地证券化的研究起步较晚，相关研究不够系统，也还没有出现真正意义上的农村土地证券化实践。本书结合土地的特殊性和我国的基本国情，在借鉴国内外相关研究成果的基础上，从经济、社会、法律等角度系统分析我国的农村土地证券化，为我国进行农村金融创新和农村土地流转提供理论依据，同时对完善相关理论也有着积极的意义。

我国不同地区在经济发展、社会文化等方面存在很大差异，各地农民对农村土地证券化的认识不尽相同，因此在我国推行农村土地证券化的客观条件基本具备的条件下，对不同地区农村土地证券化意愿影响因素的研究具有很强的现实意义。本书在对湖北省农户问卷调查的基础上，分析了农户家庭特征、农户承包土地特征等因素对农村土地证券化意愿的影响，对农村土地证券化条件的创造提出意见和建议，促进现实问题的解决，达到理论和实践的结合，以为社会主义新农村建设和全面建成小康社会提供借鉴。

二、文献综述

（一）国外研究综述

从已有文献来看，国外直接使用“土地证券化”概念的研究相对较少，更多采用“不动产证券化”或是直接采用“资产证券化”的提法，当然这两个概念不等价。国外的相关研究主要包括以下几个方面：

1. 资产证券化的意义

国外证券化的研究起步较早，研究成果比国内丰富，研究视角更加多元化。资产证券化起源于20世纪70年代美国的住房抵押贷款二级市场，后拓展到其他领域。Beveniste 和 Berger（1986）与James（1989）从不同的角度进行研究，认为市场主体能够通过有选择地将一部分资产证券化来改善自身的财务状况。诺贝尔经济学奖获得者 Sharp 和 Millerd 早在1990年就成功预言，资产证券化是21世纪金融业发展的重要方向。Schwarcz（1994）认为，资产证券化不仅能够降低企业的融资成本，还能够带来显著的间接利益，他用“炼金术”来形容其重要作用。Hill（1997）认为，证券化可能降低了现实世界的多项成本如信息成本、代理成本和交易成本等。Franke、Philip、Schwarcz、Gyourko、Norton 等学者也分别从理论和实务方面对资产证券化进行了详细论述。

2. 不动产证券化的分类

Gyourko 和 Sinai（1999）等学者认为，不动产投资信托基金（REIT）是不动产证券化的最佳形式。作为土地证券化业务最发达的国家之一，美国在实践中主要采取了不动产投资信托基金的形式，具体又有权益型（Equity REITs）、抵押型（Mortgage REITs）和混合型（Hybird REITs）三种类型。权益型 REITs 通常是75% 以上的资产要直接投资到不动产，抵押型 REITs 通常是获得抵押贷款债务成为债权人而不是直接投资不动产，混合型 REITs 则是将两者结合起来。德国是世界上最早发行土地证券的国家，其最大的特点是把基金资产的运用和保管业务分离开来。日本的土地证券化则采用公司型与信托型投资同时发展的方式。Tesfay（2011）认为，经济发展水平较低的地区采取有限规模的土地信托模式更为恰当。

Noguchi（1990）提出，日本的土地信托是类似土地证券化的安排，可以很好地将所有权和使用权分离开来。Yengnibeh（2009）认为，土地证券化是将附着在土地上的权益转化为证券的形式并在市场上出售的行为。土地的所有者不是将土地出售，而是邀请证券购买者一起成为土地共有者，共担风险。这种安排一方面能为土地经营提供所需资源，另一方面使土地所有者保留部分土地份额可以传给后人。只要证券上明确规定持有者所具有的权益，土地证券化就能顺利运行。Mirović和 Bolesnikov（2013）认为，资产证券化在农业融资中具体可以分为已有资产的证券化和未来现金流的证券化，实践中可以是综合的证券化。农业融资可以通过四种方式进行，即农业贷款证券化、未来农业收益证券化、以仓单或回购协议为支持的证券化和保险证券化。其中未来农业收益证券化在正处于经济转型期的国家非常流行，使这些国家的借款者能够获得较低的融资利率和较长的融资期限，秘鲁的Drokasa公司就采取了未来现金流证券化的方式。Fairbairn（2014）认为，农地证券化是利用经营农地产生的现金流来构建实际的金融资产。Nenad Vunjak和Vera Mirović（2015）认为，农业未来收益的证券化可以使农民获得投资资金。

3. 不动产证券化产品的定价

Swinbank和Tranter（2004）等学者研究指出，不动产证券化产品定价更适合采用静态现金流折现定价模型和期权调整利差分析法等，Natacha和Hisatoshi（2012）等学者则更倾向于采用资本资产定价模型。

4. 不动产证券化的风险

Gyourko和Sinai（1999）等学者的研究认为，不动产证券化最大的风险是证券发放机构的资质问题。由于市场存在不完全信息，有可能导致不公平交易和市场效率低下，资格不足的证券发行单位发行的不良证券会破坏已经存在的市场秩序，而且其消极影响可能会通过市场放大。而Natacha和Hisatoshi（2012）与Swinbank和Tranter（2004）等认为，不动产证券化过程中最大的风险来自不良资产的注入和申购者提供虚假信息的可能，对此，政府、证券评级机构和公众应该联合起来发挥积极作用，采用监管、审查等方式来降低面临的风险。

（二）国内研究综述

与西方发达国家实行土地私有不同，我国实行城乡“二元”

的土地制度：城市市区的土地归国家所有；城市郊区和农村的土地，除法律规定属于国家所有的以外，归农村集体所有①。国情的不同及经济发展阶段的差异使我国土地证券化的研究重点与国外有较大的区别。从国内已有文件来看，吴福明（1993）、谢天长和周玉华（1993）等学者较早地介绍了英、美等国不动产证券化的经验，崔宁晓（1994）提出我国不动产证券化应选择的模式及要注意的问题。王万茂和黄贤金（1993）明确提出了土地证券化的概念，范恒森（1995）对农村土地的证券化问题进行研究，并提出了土地证券化应遵守的原则和一、二级市场的操作要点。黄贤金（1994）介绍了1940~1948年实行的土地资金化政策，为我国的土地证券化提供经验借鉴。俞明轩（1998）、董利民（2004）等提出了土地整理证券化的设想，张宏斌和贾生华（2000）、王克强和刘红梅（2001）提出城市土地证券化的概念，此外还有学者提出城市土地储备证券化融资、征地制度改革中土地权益证券化和次等级土地证券化等。晋瑾（2009）系统研究了我国农村土地证券化的相关法律问题。

国内对农村土地证券化的研究可以归纳为以下几个方面：

1. 农村土地证券化的定义

我国农村土地证券化的研究起步较晚，还没有形成统一的定义，已有研究对农村土地证券化的定义大致可以分成以下四类：

第一类观点认为，土地证券化是土地权益的证明，如王万茂和黄贤金（1993）、袁绪亚（1995）等学者认为，土地证券化的实质是土地产权的证券化，是为了达到降低投资风险和提高回报率的目的，将土地分割为细小的权益证，借助中介机构的作用，

① 中华人民共和国土地管理法［Z］. 2004.

把投资者和标的物的关系由拥有标的物的产权转化为拥有证券的债权，通过土地证券在金融市场的流通来实现资金的聚集。投资者购买证券的目的是为了得到土地的收益而非得到土地的使用权，土地证券的流通过程实际上是证券收益在不同投资者之间流动的过程。毕继业和朱道林（2003）、胡仕琴（2010）在此基础上进一步指出，投资者此时购买的是股权，拥有的是投资入股分红的权利。原始权益人出售的只是未来一定时期内的收入，仍对标的物有着完整的决策权和部分收益权；证券到期后，土地及其收益仍归原始权益人所有。邓大才[①]（2003）认为，土地证券化是把土地作为融资的载体，通过抵押债券或收益凭证的形式，把承包土地的权利或其收益权转化为可流通的金融产品。这种抵押债券或收益凭证可以背书转让，土地证券的信用等级由土地决定，与融资者的信用无关。刁怀宏和刘峰（2005）认为，农村土地证券化是农村土地承包经营权的证券化，徐程程（2013）则认为是农村土地所有权的证券化，而在藏波和杨庆媛（2013）看来，农村土地证券化的标的物是土地的收益权，是将收益权分成细小的股权收益证明，借助中介机构的作用，以土地收益或土地贷款为担保发行证券的过程。胡振华和卢怡康（2015）认为，农村土地证券化的标的物应该是包括使用权在内的承包经营权。阳国亮和何元庆（2003）、马义华（2012）认为，土地证券就是土地使用权的凭证，是经营权的“纸的复本”，是农户承包经营权的证书化或电子化（易可君，2003），土地证券的流通便于实现土地的自由流转。郑长博（2008）、高彦彬（2009）等学者直接

① 邓大才从承包土地证券化的角度定义农村土地证券化，考虑到当时还没有土地三权分置的制度设计以及法律及学术界“承包经营权”的表述，因此本书认为他是从经营权的角度定义农村土地证券化的。

提出，农民分到的是代表一定产量的土地经营权的凭证而不是具体的地块，他们可以选择持有土地证券而享受相应的收益，也可以选择交回土地证券而行使经营土地的权利。

第二类观点从技术操作的角度把土地证券化定义为：以一个自然村拥有的集中连片的土地为一组合，在地籍调查和土地评价基础上，根据土地等级（优中劣），以平价、溢价或折价发行土地证券或土地使用证（范恒森，1995）。持此类观点的学者认为，这里的土地证券可以交易，具有了准股票的性质，而证券的交易也具备了土地流转的功能。土地经营者的权利义务关系伴随证券持有人的变更（有交易时要过户登记）而发生变化。

第三类观点认为，土地证券化是发行有担保的证券的过程，其中王燕（2005）、朱玉林和陈洪（2006）、冉成霞和刘霞（2009）、黄少安和赵建（2010）、常焕焕（2010）、曾庆芬（2011）等学者认为是以土地收益或土地贷款作为担保；黄小彪（2005）、黄宇辉（2007）、晋瑾（2009）、江磊（2010）等认为是以土地收益为担保；王璇（2010）认为是以土地作物收益或土地的增值收益为担保；张娟（2013）认为是以农村土地的未来收益或农村土地经营权为担保，投资者追求的是土地增值所带来的收益；翟帅和胡梅（2015）认为是对土地的担保。

第四类观点借鉴了资产证券化的定义，如牟芳（2010）认为，农村土地证券化是承包经营权的证券化，是指将经营土地的权利或经营土地的收益，通过一定的制度设计，转化成能够在金融市场交易的工具。林锦尚（2011）认为，农村土地证券化是通过一定的交易结构把流动性差的土地资产转化成高信用级别的小额证券，从而获得农业发展所需资金的融资方式。与范恒森类似，他也将土地证券化市场分成一级市场和二级市场，一级市场主要通过土地股份化的形式，二级市场则是负责证券的出售，形成流动性。靖富营（2013，2014）、王吉东和袁连升（2014）的研究认为，农村土地证券化应该是农村土地资产的证券化，是农业规模经营主体通过资产重组、真实出售、信用增级评级等结构安排，把一定时期的未来收益转化成证券化产品的过程。如图1-4所示，靖富营（2013，2014）认为，多数学者研究的承包经营权证券化为阶段Ⅰ，而农村土地证券化应为阶段Ⅱ。

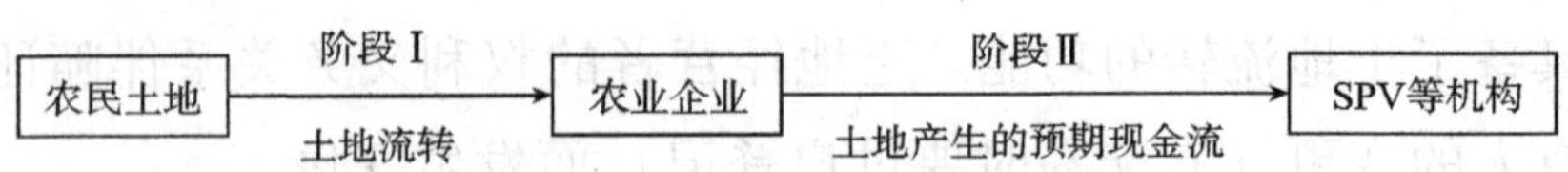

图1-4　农村土地证券化阶段

资料来源：靖富营．我国农村土地证券化问题研究［D］．天津：天津商业大学，2014.

在实践方面，吴福明（2013）、王吉东和袁连升（2014）认为，长三角地区的农村土地使用权入股模式，重庆地区的“地票”模式，浙江、湖南等地的农村土地使用权信托模式是农村土地使用权证券化的初级模式。常焕焕（2011）认为农村土地股份合作制是土地证券化的一种方式。

2. 农村土地证券化的作用

国内学者基本上都提到了土地证券化的融资功能，这也被很多研究者认为是农村土地证券化的根本目的。还被普遍接受的观点有：农村土地证券化可以为其他资本流入农业创造条件，促进土地流转，提高土地的利用效率和资源的优化配置，有利于农村土地的规模化、集约化利用和农业的现代化发展。其他方面，范恒森（1995）等提出，土地证券化有利于促进农业产出增加、推动土地价格适度上涨并进一步加快农村剩余劳动力转移的进程，阳国亮（2003）、朱玉林和陈洪（2006）等认为，农村土地证券化可以降低土地流转的交易费用和农民的融资成本，谭湘（2007）认为，农村土地证券化有助于遏制农村腐败现象。而按照黄少安（2010）、曾庆芬（2011）等学者的观点，农村土地证券化还可以降低农村土地经营风险、稳定农民收入、使农民获得财产性收入，因而有助于缩小城乡收入差距和实现政府对农业的宏观调控，对保护耕地资源和农民的土地权益、增强农村信贷机构的资产流动性都会产生明显的促进作用。总之农村土地证券化能够在维持现有农村制度体系基本稳定的情况下，解决农村发展中遇到的主要问题，促进农业和金融业的稳定发展（晋瑾，2009；郭步超，2009）。

但王燕（2005）的研究却指出，农村土地证券化过程中需要注意有可能出现的问题：要防止土地证券化成为圈钱的工具，防止未经批准的农村土地非农化行为和哄抬土地价格的“炒地皮”行为，以及“短视”的农民将土地经营权卖出后失去生存保障的情况出现。

3. 农村土地证券化的条件

范恒森（1995）认为，非农产业发展了，需要更多的劳动力转移到非农产业，才有实施农村土地证券化的必要和可能，更多的学者则认为，我国当前实施的联产承包责任制的不足之处越来越明显，人地矛盾日益突出，还出现了农业融资困难、生产效率低下、农民收入增长缓慢等问题，因此要实行农村土地证券化。而清晰的产权结构、完善的金融制度和财产管理制度是农村土地资产证券化的前提。此外，阳国亮（2003）、邓大才（2003）等学者提出，农民土地承包经营权的长期稳定和农村社保制度的建立、土地使用权的放开、承包土地具备生产要素的性质和财产性质，且具备土地流转的制度环境和一定的农业经济基础，金融中介等有了一定发展之后，才有可能实现农村土地证券化。

部分学者认为，我国推行土地证券化的现实条件还不具备（曾庆芬，2011），应该从制度等方面为农村土地证券化创造一个良好的环境（黄小彪，2005）。大多数学者认为，目前推动我国土地证券化的条件基本成熟，因而赞成尽快实施农村土地证券化。朱玉林和陈洪（2006）用证券能否在资本市场顺利出售衡量农村土地证券化的经济可行性，经过研究发现其是经济可行的。

4. 农村土地证券化的操作

已有的相关研究涉及具体操作的相对较少，且基本都认为，在现有的情况下，以农信社作为特殊目的机构（SPV）是较为现实和可行的选择，而常焕焕（2010）则认为这一角色应该由政府来担任。在发起人的选择方面，毕继业、朱道林等（2003）认为，农村集体经济组织及下属的土地基金管理中心应作为土地证券化的发起人；谭湘（2007）将农村土地证券化分为农村土地使用权证券化和经营收益证券化两种形式，认为从产权安排、风险控制等方面综合考虑，前者发行人的理性选择应该是政府，后者则应为农村信用社；郭步超（2009）认为，农村的专业大户、家庭农场或者农民专业合作社等农业规模经营主体可作为证券化的发起人；张娟（2013）认为，农户、农业专业组织等都可以作为证券化交易的发起人。农村土地证券化程序还没有形成一致意见，基本可以分为金融机构为主体的土地抵押贷款证券化和权益人为主体的资产证券化两种，具体的细节各不相同。国内专门针对农村土地证券化产品定价的研究很少，陈霄（2010，2006）研究提出，土地资产支持证券定价方式有基于内部收益率的定价法和二叉树期权定价法两种，前者适合不含嵌入期权的证券化产品定价，方法简单清晰，但如果投资者选择不是持有证券到期末，而是在合适的情况下变现，则该方法不适合；后者适合对隐含期权的证券化产品定价，土地信托收益产品的定价采用 B-S 模型更为恰当。宋志秀和葛翔宇（2012）分析指出，在传统的定价模型中，静态现金流折现模型没有考虑证券的利率期限等特性，二叉树期权模型对动态完全市场的期权定价存在不足，Black-Scholes 模型的假设条件与市场状况不符，认为跳跃扩散模型的定价方法更适合土地资产证券化产品定价。

5. 农村土地证券化的模式

农村土地证券化的模式有两种说和三种说两大类划分方法。袁绪亚（1995）、黄宇辉（2007）把土地证券化分成土地抵押债权证券化和土地开发项目融资证券化两种，前者指土地的使用者以土地使用权向银行或投资机构作抵押，再由银行或投资机构以此向社会发行土地证券融资，后者是指土地开发者直接或通过金融中介机构发行土地证券。谭湘（2007）则把农村土地证券化分为了农村土地使用产权证券化和农村土地收益证券化两种。而在常焕焕（2010）看来，农村土地证券化应包括土地抵押债权证券化和土地投资权益证券化两种模式。黄少安和赵建（2010）的研究发现，实际操作中土地证券化主要有基于土地抵押贷款的证券化和基于土地收益的证券化两种，后一种可以看作是基于土地资本化的证券化，具体是通过基于收益流发行股票的方式进行。

邓大才（2003）认为，土地承包权证券化可以分为申请土地抵押贷款、发行抵押债券、成立股份公司后发行股票三种形式，其中发行股票是农地证券化的高级形式。黄小彪（2005）认为，土地证券化有土地抵押贷款、土地权益证券化和土地分权证券化三种模式。朱玉林和陈洪（2006）则是按照担保标的将土地证券化分成以土地抵押贷款为担保的证券化、以土地项目为担保和以土地未来收入流为担保的证券化三种形式，其中第一种属于抵押担保证券，后两种属于资产担保证券；前两种通常是以金融机构作为发起人，第三种一般以土地权益人作为发起人。

6. 农村土地证券化意愿及影响因素的研究

国内农村土地证券化意愿的相关研究近年才开始出现，因而数量较少，基本都参照农村土地流转意愿、农村土地经营权入股意愿和农村土地经营权抵押贷款意愿等方面的研究，分析了农户基本特征、承包地耕作条件、农户财产和收支情况几大类因素对农户土地证券化意愿的影响。藏波、杨庆媛等（2013）运用二元Probit模型对重庆市11个村385户农户的研究认为，对农户土地证券化意愿起正向驱动作用的原因包括农户的文化程度、经营性收入、承包土地面积、家庭支出等，起负向驱动的因素包括农户家庭中的男性人数、固定资产、非农收入中除经营性收入外的其他收入、承包地单块面积等，而农户家庭人数、户均年龄、农户种植业和养殖业收入等对农户的土地证券化意愿没有显著影响。卢建新和苏雨薇（2013）对中部六省22个县54个村近千户农户的研究认为，土地证券化的最大正向驱动因素是土地承包方式，与维持现状相比，把土地按产量入股并可有组织转让、以招标方式把耕地交给部分农户集中耕种、国家负责租种土地农户的社会保障且仍实行家庭承包责任制的方式引致的农村土地证券化意愿概率更高，能获得土地流转的信息、农户对土地流转的态度和国家惠农政策也起着正向的推动作用；交通的便利性、农户的权益是否曾在土地流转过程中受到过侵害对农户的土地证券化意愿有着负面的影响。此外，土地流转的途径、农户进行农业生产的积极性也有着显著的影响。翟帅、胡梅、余静（2015）通过对浙江省湖州市178户农户的研究认为，家庭成员的受教育程度、农户非农收入与农户土地流转证券化意愿正相关，而家庭男性劳动力人数、承包地数量和宅基地面积、农户的养殖类收入则与土地流转证券化意愿负相关，而种植类收入的影响不明显。胡振华和卢怡康（2015）采用多元线性回归分析研究了浙江省东阳市农户的农村土地证券化意愿。

（三）文献评述

发达国家的土地证券化研究起步较早，有丰富的理论和实践研究成果。由于西方国家大多实行土地私有制，土地产权清晰明确，界定较为简单；加上其市场经济较为发达，因而研究方向侧重于技术问题，注重研究的应用性如证券产品的设计、价格的制定、风险的防范等。此外，土地证券化过程中的相关制度环境如法律制度、税收制度等也是国外研究的一个重点。由于西方的国情与我国有巨大差异，金融市场远比我国发达，人均占有耕地面积也远高于我国，土地制度更是与我国有巨大差异，因此不能直接照搬其研究成果，但是其对农业的重视程度、融资的先进经验还是对我国有较大的借鉴意义。日本进行土地证券化的原因是其土地规模小、经济效益低下，这点与我国有相似之处，因而其经验更值得我们学习。

国内的相关研究开始于20世纪八九十年代，目前还处于探索阶段，土地证券化的相关研究成果不多，还存在一些不足之处。首先，未形成统一的定义。已有研究有的将土地证券看作农村土地经营权的“纸的副本”，其本质更接近于土地经营权证；有的未能突出资产证券化结构性融资的特点。从时间顺序上来看，不管从哪个角度进行定义，学者们大都逐渐将资产证券化的理念引入农村土地证券化的研究。其次，已有的研究缺乏系统性的研究成果，大部分关注土地证券化的意义、可行性及障碍因素的研究，虽然也有部分研究关注农村土地证券化的模式选择与产品定价的问题，但总体而言定性研究多而定量研究少。有研究指出，我国农村土地证券化应遵循农民自愿参与的原则，要充分考虑农民的意愿，但现有研究很少有针对某一特定地区的深入研究，对农村土地证券化的参与者——农户意愿的研究更少，这些方面的研究都有待进一步深入。

三、研究思路、内容及方法

（一）研究思路与内容

资产证券化是20世纪最成功的金融创新之一，自诞生以来就一直快速发展并向各国扩散，通过证券化融资已经成为现代金融发展的重要方向。农村土地证券化是资产证券化理论在农村金融中的具体运用，作为一项重要的制度创新，对解决农业投资困境、促进农村体制创新和农民增收、加快农业现代化的发展都有重要的意义。我国当前的农村土地制度公平有余而效率不足，农业生产效率低下、农民收入薄弱，对农村土地制度的进一步改革势在必行，推行农村土地证券化值得深入研究。农村土地对我国农民有着非常重要的意义，不仅是我国农民收入的重要来源，还具有最低生活保障、失业和养老保障等社会保障功能，对年龄大的农民更有一定的心理保障作用。虽然随着经济的发展和农业收入在农民总收入中比重的下降，这种保障有弱化的趋势但依然存在。作为农业经济行为的最终实施主体和重要的微观基础，农村制度的创新必须考虑农民的认知水平和真实的想法，尊重农民的意愿，否则可能产生严重的社会问题。因此在我国实施农村土地证券化的客观条件基本具备的情况下，农户的态度显得格外重要，目前农户的意愿及其影响因素的研究应该是我国农村土地证券化研究的重要方面。本书的逻辑思路如图 1－5 所示。

如图 1－5 所示，本书从农村土地证券化的含义入手，对我国实施农村土地证券化的作用及条件进行了理论分析，针对湖北省农民进行抽样问卷调查，分析了农户的农地证券化意愿及其影响因素；在借鉴美、德、日等发达国家先进经验的基础上，提出了我国农村土地证券化的具体机制设计，并针对我国目前存在的障碍因素提出合理化建议。

具体的研究内容为：

第一章，绪论。首先，介绍了本书的研究背景和研究意义、国内外农村土地证券化的相关研究并简要评述，其次，介绍了研究的主要内容、研究方法及可能的创新之处。

第二章，农村土地证券化的理论基础。界定了农村土地证券化的相关概念，并对资产证券化、土地金融等相关理论进行了简要介绍。

第三章，农村土地证券化的作用及现实条件。在介绍我国土地制度发展历程的基础上，提出农村土地证券化具有拓宽农业融资渠道、促进农业向规模化机械化方向发展、促进资源优化配置、缩小城乡收入差距等作用，因此农村土地证券化有助于我国

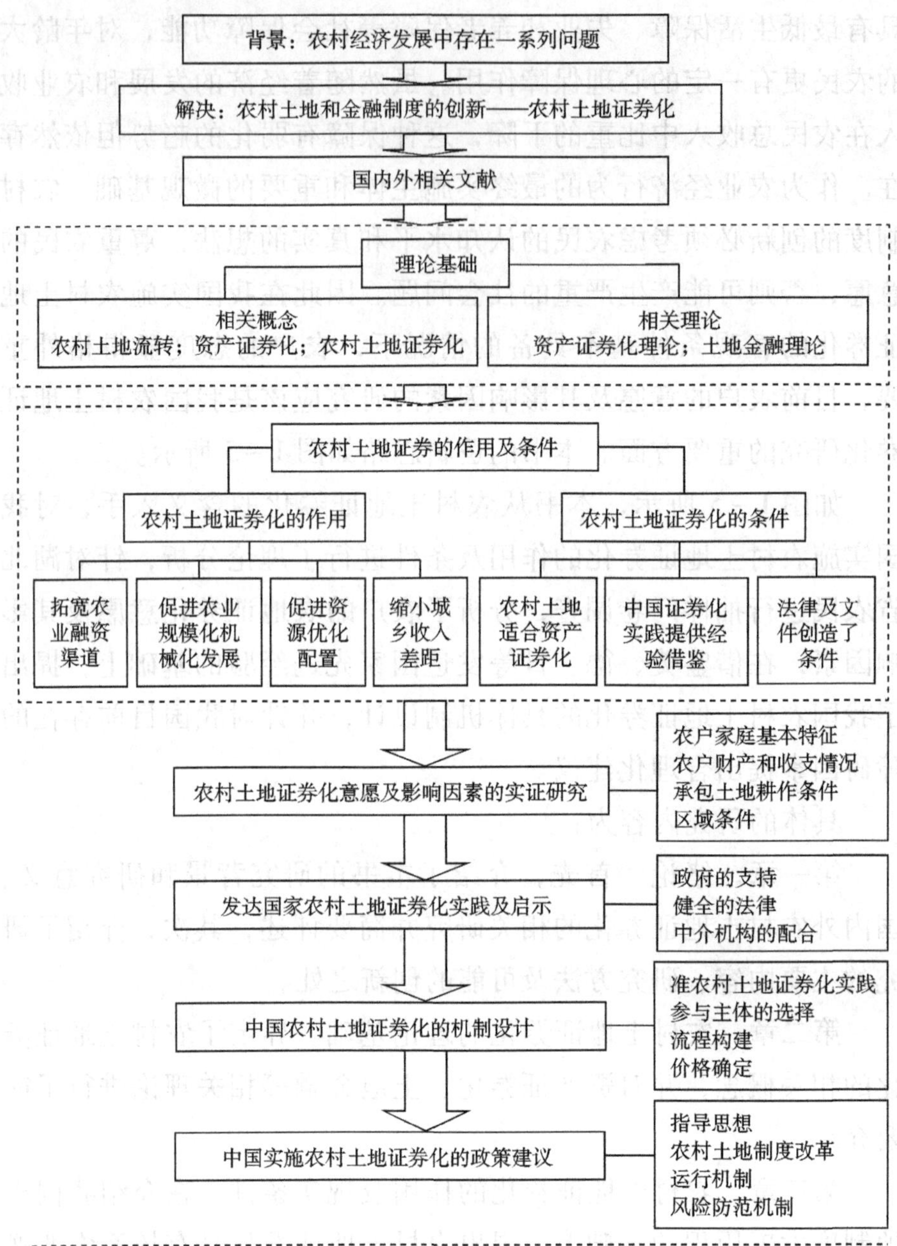

图1－5　论文研究的逻辑思路

“三农”问题的解决；并且认为从农村土地特点、资产证券化实践和法律法规等方面来看，我国基本具备了实施农村土地证券化的现实条件。

第四章，农村土地证券化意愿及影响因素的实证研究。运用湖北省农户抽样问卷调查的数据进行实证研究，分析了农户家庭基本特征、财产和收入情况、承包土地耕作条件和区域因素四大类因素对农户的农地证券化意愿的影响，并对结果做出合理的经济解释。

第五章，发达国家和地区的农村土地证券化实践及启示。分别从产生背景、运行模式、相关制度建设等方面介绍了美国、德国、日本等发达国家农村土地证券化的实践，总结出共同点，为我国的农村土地证券化实践提供经验借鉴。

第六章，中国农村土地证券化的机制设计。结合国外发达国家的先进经验和我国的准农村土地证券化实践，提出我国农村土地证券化的机制设计，并分别基于静态现金流折现法和二叉树期权定价法设计出三种农村土地证券产品，首次采用Monte Carlo方法模拟了我国农村土地证券的定价过程。

第七章，中国实施农村土地证券化的政策建议。提出我国实施农村土地证券化要坚持切实尊重农民意愿、试点推广的原则，不能搞“一刀切”式的推进，并从法律法规、运行机制和风险防范等方面提出了我国实施农村土地证券化的合理化建议。

第八章，研究结论及研究展望。基于前文对于农村土地证券化的研究，给出研究结论，并就未来研究给出展望。

（二）研究方法

1. 文献研究法

文献研究法又称资料研究或文献调查，是社会科学研究中常用的非接触性研究方法，它是在收集、鉴别、整理已有文献资料的基础上，通过深入分析形成对问题的正确认识的方法。文献研究法使研究者可以突破实践和空间的限制，对历史现象和其他国家地区的问题进行研究，加之研究者不与文献中记载的人与事直接接触，具有无反应性的特点，因而有较高的效率。本书检索、收集、整理、分析了国内外农村土地证券化的相关文献，对土地证券化的理论和实践研究进行回顾和阐述，并加以综合、概括，为研究的开展提供经验借鉴。

2. 问卷调查法

问卷调查法是用书面形式收集数据的一种调查方法，由调查人员根据研究的问题设计问卷，将要调查的信息设计成相互联系的可度量指标，从而获得被调查者相关数据的方法。本书所用的基础数据由笔者及同事与学生于 2015 年六七月在湖北省实地调研取得，共选取湖北省 16 个县（市、区）的 60 个行政村发放了 1000 份问卷，回收有效问卷 871 份，在此基础上分析农村土地证券化的意愿及其影响因素。

3. 计量分析法

在研究农户对农村土地证券化的意愿时，本书采用计量经济学的相关理论，构建 Logistic 回归模型，确定影响农户农地证券化意愿主要因素。在提出我国农地证券的机制设计时，以静态现金流折现法和二叉树定价法为基础，采用 Monte Carlo 方法模拟了我国农村土地证券的定价过程。

四、研究创新点

第一，农村土地证券化是一个系统工程，国内的相关研究相对较少，本书综合运用经济、金融、法律等相关理论对农村土地证券化问题进行了系统研究，提出了农村土地证券化有促进农业现代化发展、缩小城乡收入差距、优化资源配置等作用，并提出农村土地证券化应该包括农户在自愿的基础上成立新型农业经营主体、新型农业经营主体把一定期限内经营土地的未来预期收益转化成证券两个阶段。

第二，农村制度的创新必须考虑农民的认知水平和真实的想法，尊重农民的意愿，否则可能产生社会问题，农村土地证券化也不例外。在我国实施农村土地证券化客观条件基本满足的情况下，农户的态度显得至关重要，而现有文献对农户农村土地证券化意愿的研究较少。本书首次针对中部农业大省——湖北省进行问卷调查获得一手数据，对湖北省农户的农村土地证券化意愿进行研究，研究结论有一定的代表性。本书将研究地区划分为省会城市、国家级贫困县和其他区域三个类别，将这些因素引入农村土地证券化意愿模型，发现区域因素对农村土地证券化意愿有着较为显著的影响。

第三，我国目前还没有真正意义上的农村土地资产证券化实践，加上所需的专业人才极为缺乏，所以原理清晰、计算简便的静态现金流折现法更适合我国农村土地证券化的定价过程。本书基于静态现金流折现法和二叉树定价法设计出三种农村土地证券产品，首次采用 Monte Carlo 方法模拟了我国农村土地证券的定价过程，为我国今后农村土地证券化的实施提供借鉴。

第二章

农村土地证券化的理论基础

一、相关概念的界定

（一）农村土地流转

“土地流转”是我国特有的词汇，在市场经济国家通常称为土地交易。土地交易可分为土地买卖、租赁和抵押等多种形式。在我国，农村土地流转主要包括农村土地经营权的流转和集体建设用地使用权的流转。本书的“土地流转”专指农村土地的经营权流转，是指拥有土地承包经营权的农户按照依法自愿有偿的原则，保留承包权，通过转包、转让、互换、合作入股或租赁等方式将土地经营权转让给其他农户或农业合作社等组织的行为。

1984 年之前，我国农户之间已经有不少私下自发转让的行为发生，但所占比例不高，到 1984 年底，转出土地的农户和耕地的数量分别占承包户数和耕地总量的 2.7% 和 0.7%。1984 年中央一号文件规定，承包期内的社员从事其他工作或无力从事农业生产活动而要求不承包或少承包土地的，经集体同意后可以协商转包。虽然规定放开了，但当时的法律并未随之调整，依然禁止土地流转行为。直到 1988 年的《宪法修正案》才明确规定土地使用权可依法转让，这才为土地流转确定了宪法依据，这也是我国最早允许土地流转的法律。1995 年国务院以发文的形式最早明确提出“土地承包经营权流转”的概念，提出在坚持农村土地集体所有制和农业用途的前提下，经发包方同意，承包方可以通过转包、出租等方式流转土地。国办发［2014］71 号文件指出，农村集体土地的所有权和承包权不允许流转，流转交易的目的要以从事农业生产为主。农村土地流转是我国经济法发展到一定阶段的产物，是促进要素的市场化配置、提高土地资源的利用效率的有效途径，对农民收入的增加和农业的现代化发展都有重要的意义。《土地市场蓝皮书：中国农村土地市场发展报告（2015～2016 年）》的数据显示，中国土地流转率已由 1996 年的 2.6% 增长到了 2014 年的 30.4%。

（二）资产证券化

证券是用来证明持有人有权享有相应经济权益的书面凭证，具有财产性、流通性、收益性、风险性的特点，对资产和附着在资产上的权利证券化是金融发展的方向。资产证券化（Asset Securitization）的概念最早是在 1977 年由美国投资银行家刘易斯·瑞尼尔（Lewis S. Ranieri）与记者的讨论中提出的，此后在西方金融界广为传播和发展。资产证券化是一个动态的概念，它的形式灵活多变，内涵与外延也会随金融实践与理论的发展而不断发生变化，很难有一个统一的定义，学者一般从广义和狭义两个方面界定资产证券化。

在广义方面，Robert Rwhn（1987）认为资产证券化应该是，将无法直接变现的资产转化成大宗的、可自由流通的证券的过程。Rosenthal 和 Ocampo（1988）将资产证券化定义为，一个精心构造的过程，越来越多的以证券作为媒介的资金募集方式。花旗银行主席约翰·里德（John Reed，1996）对证券化的定义是，具有更高效率的公共资本市场对高成本、低效率的金融中介的取代。可以说，广义的资产证券化几乎囊括了所有的直接融资方式。

在狭义方面，美国证券交易委员会把资产证券化定义为，把缺乏流动性的资产进行组合并转化成一种可以更加自由地在资本市场上发行和出售的融资工具。美国学者 Shenker 和 Colletta 提出，资产证券化是在市场出售相关权益凭证的行为，这些权益凭证本身能够代表可以产生收益的资产或资产组合的所有权利益，或由这些利益所担保。资产证券化通过精心的设计能够降低或重新分配拥有或出借这些基础资产的风险，并增加其流动性。Fabozzi（1992）则认为，资产证券化是把具有一定共同特征、流动性差、能够带来预期收益的资产包装成市场化的付息证券的过程。Richard 和 Kosiba（2005）把资产证券化定义为，将资产重新组合，发行以这些资产组合的收益为担保的证券，从而达到金融资产套期保值目的的方法。Lumpkin 和 Stephen（1999）提出，资产证券化是以同质但流动性较差的资产汇集构建资产池，以池中资产的收益做担保，把资产池包装成可流通证券的过程。何小峰（2007）提出，资产证券化实际上是重新组合资产未来现金收入的过程。在相关研究的基础上，本书采用孙奉军（2004）的定义：资产证券化是将具有稳定预期收益、缺乏流动性的资产重组，包装成可流通的标准化证券的过程，其最大的特点是，把缺乏流动性的资产转换为可以自由买卖的金融工具，达到规避风险或是低成本融资的目的。狭义的资产证券化按照产生稳定收益的基础资产的类别划分为抵押贷款支持证券化（MBS）和资产支持证券化（ABS）。

（三）农村土地证券化

前文已经提及，国内现有对农村土地证券化的定义可以分为四种：第一种认为土地证券化是土地权益的证明；第二种是从技术操作的角度进行定义；第三种认为土地证券化是发行有担保的证券的过程；第四种是借鉴资产证券化的概念来定义农村土地证券化。不管从哪个角度定义，学者们都有将资产证券化的理念引入农村土地证券化定义的趋势。

如图2-1所示，本书认为，完整的农村土地证券化过程应该包括农民自愿以农村土地组成新型农业经营主体及新型农业经营主体把一定期限内经营土地的预期收益转化成可流通的证券两个阶段。本书借鉴资产证券化的定义，结合我国农村土地制度改革的实践将农村土地证券化定义为：在土地规模化、集约化利用的基础上，通过结构性安排，将一定期限内土地的未来收益转化成可以流通的证券的过程。通过证券化，将原本缺乏流动性不易拆分的农村土地变成了可以拆分的小额可交易证券，增强了资源的流动性。本书研究的是农业用地的证券化，没有涉及农村建设用地等其他类型土地的证券化。

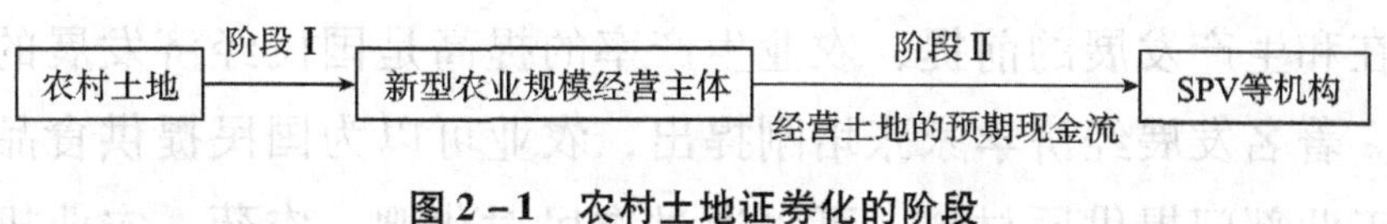

图2－1 农村土地证券化的阶段

二、农村土地证券化的相关理论

（一）农业基础论

1. 农业的基础作用

农业作为人类历史上最古老的产业，是国民经济的基础性产业，是人类的生存之本，在一国或地区的经济发展中发挥着无可替代的作用。古典经济学早就有农业基础论的论述，早在17世纪，英国古典政治经济学之父威廉·配第（William Petty）就提出，农业是工业的基础之一。但是，由于时代的限制，他未能提出完备的农业基础理论。法国著名的重农学派先驱——阿吉尔贝较系统地论述了农业基础的问题，认为农业是各行业产生与发展的基础。重农学派的创始人弗朗斯瓦·魁奈认为，农业是人类赖以生存发展的基础，是各部门利益的根源，为工业和商业的发展提供了原材料和市场。当然，魁奈把农业看作财富唯一来源的观点过于片面。英国古典政治经济学家亚当·斯密（Adam Smith）看到了农业发展对城市发展的制约，认为城市的发展不能超过农业发展支持的限度，农业必须先于工业发展。而在马克思看来，农业劳动是一切剩余劳动的基础，农业尤其是食品的生产是人类存在和生产发展的前提，农业生产率的提高是国民经济发展的条件。著名发展经济学家张培刚提出，农业可以为国民提供食品和为工业部门提供原材料，可以通过农民对化肥、农药、农业机械等农业生产资料及生活用品的购买，为工业部门提供广阔的市场，可以为工业的发展提供资本和劳动力，还可以通过农产品的出口为国家换取外汇。我国也重视农业的基础性作用，习近平指出，我国要基本实现粮食的自给自足，并从影响国民经济发展的战略高度，提出了包括新农业基础论、新粮食安全观、新农业发展理念、新农业生产力说、新生产关系变革的“大农业”思想[①]。2016 年底我国人口总数约 13.8 亿人，随着社会经济的不断发展和人口数量的增加，农业的食品贡献和原料贡献将进一步增大。据测算，我国约有 40% 的工业原料来自农业，轻工业的这一比例更是高达 70%，这也充分说明了农业的重要作用，国家必须重视农业部门，支持和保护农业的发展。

此外，农业还具有多功能性，农业是地球上最大的人工生态系统，除了为人类生存和其他产业发展提供产品、要素等贡献之外，农业生产还具有提供自然景观、保护生物多样性等环境和社会功能、政治功能和文化功能等。农业的多种功能之间表现出很强的关联性，在后工业经济时代，农业的发展必须考虑这种关联性，实现农业的多元价值。

2. 农业的弱质性

虽然农业在国民经济中起着不可替代的特殊作用，但是由于受固有规律的制约，随着经济的发展，农业在各国的发展过程中都越来越显示出其弱质产业的特点，这突出表现在：首先，农业

① 光明网，http：//theory.gmw.cn/2016－12/28/content_ 23355756.htm.

生产自身的特点决定了它具有很强的自然风险。农业生产的对象是生命有机体，因而生产过程受生物自然生长规律的影响，生产周期一般较强，且具有季节性的特点，受环境、气候等自然条件的影响较大。不可控的自然条件决定了农业面临抵御自然灾害的能力远远不如第二、第三产业。其次，农业生产的市场风险也远低于其他产业。农产品的价格取决于市场供求。在供给方面，农产品的生产具有较固定的周期，且周期一般较长，但农产品的消费却具有日常性和连续性的特点，因此生产者无法在当期对粮食及生产要素的价格作出反应，其决策调整具有一定的滞后性。需求增加，价格增高时供给不能立即增加，失去了增加收入的机会。而此时农业生产资料的价格会迅速跟进，使农业生产成本提高。在需求方面，与供给价格弹性相比，农产品的需求价格弹性相对较低，供给大幅增加时需求却受生理限制而增加有限，往往导致农民增产不增收现象的发生。加上大部分农产品的储存难度较大而成本较高，因而面临较大的市场风险。最后，农业的比较效益低，在与第二、第三产业的竞争中处于劣势。受农产品生产特点的限制，农业投资风险大、回收周期长、回报率不高，对资金、劳动力等要素缺乏吸引力，农业生产要素存在向其他产业转移的倾向，影响到农业的发展。

（二）资产证券化理论

1.资产证券化的原理

作为一种结构性融资方式，资产证券化的原理主要由一个核心原理和三大基本原理组成：

（1）现金流分析原理。稳定的、可预期的现金流是证券化得以推行的基础和先决条件，在资产证券化过程中起着非常重要的作用，资产证券化的核心原理就是现金流分析原理。也就是说，表面看，资产证券化是以基础资产为支持发行的，实际上起支持作用的不是基础资产本身而是其产生的现金流。现金流分析包括基础资产的估价和风险收益分析两个方面的内容。

（2）资产重组原理。该原理是指为了使基础资产满足证券化的基本要求，把纳入资产池中的资产进行再次配置和组合，从而达到成功发行证券的目的。一般而言，证券化的资产组合注意：要有效防范经济风险集中的问题；遵守规模性原则，降低证券化交易的结构成本；资产组合的未来收益可预测，风险可预估；要平衡各个参与主体的利益。

（3）风险阻隔原理。该原理是为了有效降低投资人的风险，通过精妙的机制设计使基础资产的风险独立于原始权益人持有的其他资产的风险，从而提高资本的运营效率，为各个参与主体带来收益。这时，投资者只承担基础资产有关的风险，而与其他资产的风险无关，通过组建特殊目的机构来实现。在这种风险隔离机制下，即使出现证券化发起人破产的情况，风险也不会传导到证券持有者，特殊目的机构依然能够正常运作，不会影响投资人的按时偿付，因而在一定程度上降低了投资风险。

（4）信用增级原理。该原理是为了提高证券化产品的吸引力和降低融资成本，在证券发行之前，由 SPV 采用一些措施来提升证券化产品的信用级别，提高其流动性和安全性，降低投资者面临的风险。经过信用增级后，证券化产品的市场可接受度提高，能够吸引更多的投资者。

经常采用的信用增级手段有外部信用增级（External Credit Enhancement）和内部信用增级（Credit Enhancement）两种，前者由与该项目没有直接联系的第三方（如金融担保公司、保险公司等）提供信用支持来提升信用级别，主要有信用证、信用违约互换和相关方担保等方式；后者则主要依靠基础资产组合产生的部分现金流收入实现自我信用支持，包括优先/次级结构、超额抵押账户、储备基金、出售者追索权、利差账户等。

2. 资产证券化的参与主体

为了成功地达成既定的融资目标，资产证券化必须设计一个十分严谨而有效的，包括发起人、特殊目的机构（即发行人）及保险机构、信用评级机构等辅助机构在内的交易结构。资产证券化的主要参与主体有：

（1）发起人。其职责主要是组建资产池并将其“真实出售”给特殊目的机构 SPV 实施破产隔离。它既可以是基础资产的原始权益人（Originator），也可以是购买基础资产汇集成资产池并打算将之再次出售的人（Sponsor）。

（2）特殊目的机构（SPV）。这是为了发行资产支持证券而专门组建的没有破产风险的、具有独立法律地位的特殊实体，是发起人与投资者之间的中介机构，主要负责购买证券化资产和发行证券化产品。SPV 的设计主要是为了达到被证券化资产与发起人其他资产的风险隔离，不得成立附属机构，也不能拥有资产支持证券以外的其他债务，且其业务范围也受到严格的限制，因而也在一定程度上防止发起人的破产。

（3）投资者。这是资产证券化得以发展的重要力量和必要组成部分，是对证券有需求的经济主体。证券化资产的投资者以保险公司、基金公司等机构投资者为主，也包括个人投资者。资产证券化方案的目的是为了企业融资，但最终必须得到投资者的认同，否则发行无从谈起。

（4）信用增级机构。为了资产证券化交易活动的顺利进行，特殊目的机构（SPV）希望提高产品的信用级别以达到降低融资成本和增强对投资者吸引力的目的，即信用增级。目前除了住宅抵押贷款证券的发行机构有着政府隐性或显性的担保外，其他的资产证券化产品都有信用增级的必要，这些提供信用增级的主体就是信用增级机构，常由政府部门、银行、保险公司等机构担任。

（5）信用评级机构。这是为了促进信息不对称的资产支持证券交易过程透明，提高投资者的信心，负责对发行人及其发行的证券的信誉和违约可能性进行判断的独立机构。在资产证券化过程中，对发行人而言，信用评级机构确定了信用增级的方式、规模等，对投资者而言，则是有了确定的一个明确的信用标准。除初始评级外，信用评级机构还会在资产支持证券的存续期内持续追踪监督其经营业绩，综合评价其风险因素，做出升级、降级或维持信用评级的决定，通过这一系列严格的评级程序和清晰的标准，信用评级机构可以有效保护投资者的利益，因此起着不可替代的作用，也正是因为这样，必须保证评级机构的客观性和权威性。目前国际上最具权威性和影响力的专业信用评级机构有标准普尔公司（Standard & Poor's）、惠誉国际信用评级有限公司（Fitch Ratings）和穆迪投资者服务公司（Moody's Investors Service）。

（6）承销商。通常由投资银行担任，在证券设计阶段充当融资顾问的角色，帮助证券的成功发行；证券发行后主要负责证券的促销工作。承销商通常是具有良好信誉的机构，可以利用其丰富的经验提出兼顾发起人和投资者利益的方案。

（7）服务商。这是面向原始债务人，负责还款收集等相关业务的中介机构。具体而言，服务商的业务主要包括监理、保管基础资产产生的现金流，将收取到的原始债务人偿还的本息交付给受托人，监督原始债务人履行协议状况，在原始债务人违约时实施补救等。服务商多由发起人或发起人的附属机构担任，根据提供的服务收取相关费用。

（8）受托人。这是面向投资者，负责资金的管理和偿付等工作的中介。受托人的具体职责有：托管证券化的资产，接受、持有和替换资产，并形成资产状况分析报告，审核服务商提供的报告，并将审核结果披露给投资者；收取、持有及分配基础资产的现金流；公布违约情况，必要时代替服务商履行其职责等。

（9）资产保管人。中国人民银行、证监会于 2005 年联合发布的《信贷资产证券化试点管理办法》（以下简称《管理办法》）中出现了“资金保管机构”的概念，这是我国在当前情况下对资金保管的特殊规定。《管理办法》中对资金保管机构的定义是：接受受托机构的委托，保管信托财产账户资金的机构，并规定发起机构和贷款服务机构不能担任同一交易的资金保管机构[①]。资产管理人的职责包括依法安全保管信托财产，按契约规定和受托人指令管理特定目的信托账户资金并向证券持有人支付收益等，并定期报告资金保管情况。由此可见，资金保管机构的职责是从传统证券化受托人职能中分离出来的。若资金保管机构未能很好地履行职责，证券持有人大会有权更换资金保管机构。

3. 资产证券化的运作

资产证券化的基本运作流程如图 2－2 所示。

① 《信贷资产证券化试点管理办法》，中国人民银行，中国银行业监督管理委员会公告，2005 年第 7 号。

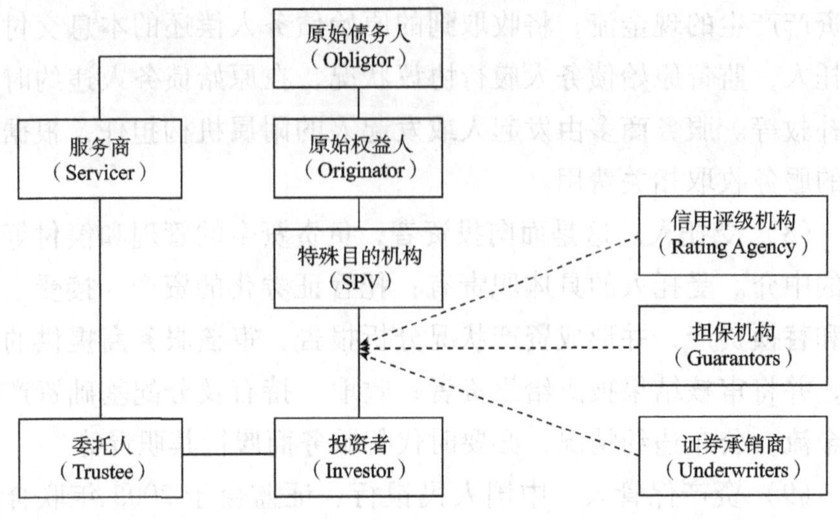

图 2-2　资产证券化流程①

具体而言，主要流程如下：

（1）组建资产池。发起人首先分析自身的融资需求，确定资产证券化的目标，对有预期收益的资产进行清理、估算和信用考核等操作，选择恰当的基础资产组建资产池。

（2）设立特殊目的机构与资产转移。特殊目的机构是结构性重组的核心主体，通过“真实出售”达到破产隔离的目的，即使出现发起人破产的情况，债权人也没有对转移基础资产的追索权，实现了破产隔离，保护了投资者的权益。资产的控制权此时属于 SPV，要将之从发起人的资产负债表上剔除，因而资产证券化是一种表外融资方式。

（3）信用增级。资产证券化过程中有可能发生证券的信用等级达不到市场要求标准的情况，这时就由信用增级机构对证券提

① 何小峰等. 资产证券化理论与案例［M］. 北京：中国发展出版社，2007.

供额外的信用支持，从而增加资产组合的市场价值，这个过程就称作信用增级。为了进行信用增级，SPV 首先要确定为达到发行人所需的信用评级目标而要进行的信用增级水平，然后通过内部增级和外部增级两种方式进行信用增级。外部信用增级是指由专业保险公司、银行、金融担保公司、政府等独立的第三方提供信用担保；内部信用增级由发起人的母公司或子公司利用基础资产的部分未来收益实行自我担保。在实践中，发行人通常采用两种增级相结合的方式。

（4）信用评级。资产证券化过程一般要经过初评和发行评级两次信用评级。初评是在信用增级之前，由专业的评级机构考核证券化交易活动，目的是为了确定信用增级水平。发行评级是在信用增级后，由评级机构审核相关资料得到最后评级结果并向相关主体公布。

（5）发售证券。经过发行评级并公布评级结果之后，由证券承销商负责资产支持证券的销售，具体既可以采取公开发售也可以采用私募的方式。

（6）支付对价。证券发行之后，SPV 可以从证券承销商处得到发行证券的现金收入，优先向各专业机构支付相关费用，并按约定的价格向发起人支付购买证券化资产的价款。

（7）管理资产池。SPV 聘请专门的服务商管理资产池。实践中通常由发起人充当服务商的角色，当然也可以由独立的第三方担任服务商，此时发起人应将基础资产相关的文件移交给新的服务商，以方便资产池的管理。

（8）清偿证券。如果没有发生提前摊还触发事件，在规定的证券偿付日，受托人接受 SPV 的委托根据发行时说明书的约定，按时、足额地向投资者支付本息。

以上是资产证券化的一般流程，但在实践中每次的操作都不尽相同。

4. SPV 的构建原则

SPV 是资产证券化交易中的核心机构，是实现资产真实出售和破产隔离的关键，因而它的构建具有非常重要的意义。从实践来看，破产隔离是 SPV 构建的本质要求，为此构建 SPV 要遵守以下原则：

（1）SPV 自身的破产隔离。为了确保交易的安全，构建 SPV 先要考虑远离自身自愿的或强制的破产风险，因而通常要通过限定经营范围、限制债务等交易结构来防止 SPV 被破产接管或清算。

（2）与利益相关者破产隔离。SPV 要完全独立于发起人，不受其破产的影响从而保证投资者的利益。证券化资产要符合“真实销售”的标准而不是担保融资。发起人可以实现资产的表外处理，其破产时基础资产也不作为破产财产参加清算。

（3）成本最小化。资产证券化过程中必须注意考虑成本因素，SPV 的构建首先要注意税收因素的影响，避免双重税收。避税是 SPV 形式创新的一个重要动机，选择税收负担小甚至没有纳税义务的实体可以扩大发起人的利润空间，增加投资者的投资收益。SPV 的组织形式通常可以有公司、信托、有限合伙等类型。

（三）土地金融理论

概括地讲，土地金融是指与土地开发、经营等活动相关的金融活动，是以土地为载体，利用金融市场和各种金融工具为土地的开发利用筹集、融通资金提供相关服务的活动。作为金融的一个分支，土地金融是市场经济发展到一定阶段的产物，现已发展成为一种通行的国际惯例，在很多发达国家和地区占有较大的比重，而我国的土地金融还处于起步阶段。

1. 土地金融的特点

土地金融是一种较为特殊的金融活动，与其他金融相比，有着自己的特点：

（1）土地的抵押权是土地金融存在的前提。土地的抵押权是否设立关系到土地能否用来担保，这也是土地金融形成的基础。抵押权是土地的一项重要权能，它随着债务的清偿而消失。完全物权能够设立抵押权，不完全物权如使用权也可以设立抵押权。例如，我国于1995年10月1日起实施的《担保法》规定，抵押人依法有权处分的国有土地使用权可以抵押，又如，2014年的中央一号文件规定承包土地的经营权可以抵押。英国的土地在批租的有效期内，土地的使用权也是可以抵押的。土地抵押权的设立一方面可以保护土地金融活动中债权人的权益，另一方面也可以提高债务人的信用，促进土地金融活动的发展。

（2）安全性较高。土地金融是以土地为担保的金融，而土地的位置固定，具有自然生产能力，不管是农业用地还是城市用地的开发经营活动都会产生较稳定的收入，因而保值性能好。土地的供给数量有限，自然供给无弹性，随着经济社会的发展，对土地的需求会越来越大，因此长期增值的潜力巨大。土地的以上特点决定了土地是一种良好的抵押物，即使土地金融的债务人违约时，债权人也可以通过担保物权的执行获得优先清偿，所以以土地为担保的土地金融具有较高的安全性。

（3）政策性较强。土地是人类生存和发展的基础，是一切生产和存在的源泉，对人类有着非常重要的意义，对我国这样一个人多地少的人口大国而言更是如此。土地有着非常强的外部性和公共性，其利用是否合理关系到国家和社会的稳定，所以世界各国普遍对土地金融采取较强的干预，土地金融也成为政府推行土地政策的重要工具，具有很强的政策性。

2. 土地金融的功能

（1）提高资金的利用效率。实践中土地金融常被用来为农业的建设和发展融通资金，它可以很好地分配和引导资金的流向，将社会上的游资集中起来转化为土地投资，在满足生产者需求的同时，为闲散资金寻求出路。实践中土地金融常常实行证券化来增加其流动性，这就弥补了土地位置固定、流动性差的缺点，促进了资金在不同区域范围、不同部门、不同环节的合理流动，实现资源的优化配置。

（2）是国家实施土地政策的手段和宏观调控的工具。时至今日，各国政府更倾向于采用市场手段而不是直接的行政命令来影响市场，财政政策和金融政策是两个重要工具。西方发达国家把土地金融作为调控土地市场运行、推行土地政策的手段，如通过土地金融市场的公开市场业务操作来调节土地资金的供应量，或是通过调节再贴现率调节土地市场信贷规模等。

（3）拓宽金融渠道。土地金融能降低资金需求者的融资成本，满足其在数量和期限上的需求，同时也可以为投资者寻找新的安全的投资渠道，促进金融业的发展。土地金融由于其安全性高的特点，可以降低投资风险，吸引大量的闲散资金。

3. 农村土地金融

土地金融有市地金融和农村土地金融之分。市地金融指的是围绕城市土地及其建筑物的开发、建设、经营开展的资金融通活动，具体又可以分为市地获得金融、市地改良金融、市地转让与经营金融等。农村土地金融是围绕农村土地的开发经营开展的各种金融活动，包括农村土地获得金融、农村土地改良金融、农村土地经营金融等（黄贤金等，2009）。

农村土地金融的本质是发挥土地资产的功能，通过金融工具的运用使不可移动的土地流动起来，增加资金来源的渠道。由于农村土地的开发经营活动周期较长，围绕其进行的资金融通活动投资回收期也比市地金融要长，面临的风险也更大。我国目前的农村土地金融正在由政府主导向多元化的方向转化，但由于金融市场不发达，信用制度特别是农村的信用制度很不完善，相关的配套设施服务也不健全，因此我国农村土地金融还处于起步阶段，其在农村经济发展中的作用尚未得到很好的发挥。

农村土地金融的实现形式随着社会经济的发展而发生变化，按照演变的顺序，大体可以分为三种形式：

（1）农村土地货币化。指的是以货币补偿的方式完成农村土地产权转让的过程，其前提是拥有可以转让或流转的农村土地产权。按照产权经济学的理论，包括农村土地的所有权、承包权、经营权在内的农村土地产权具有可分割性，产权的转让既可以是一束权利的转让，也可以是某一种权利的转让。按照2014年中央一号文件的精神，我国农村土地产权的转让只能是经营权的转让。农村土地货币化的实质是用货币衡量凝结在农村土地中的未来收益和产权价值，是一方以支付货币的方式交换特定农村土地一定期限内的相关权利（高彦彬，2009），是农村土地产权商品化和市场化的结果。

（2）农村土地资本化。我国农村土地的资本化主要是农村承包土地经营权的资本化，是农民凭借土地的经营权进入要素市场，通过出租、抵押、入股等方式获得一定收益的过程。土地的数量有限，是一种稀缺的自然资源，农村土地的资本化不仅能为农村土地的所有者（或使用者）带来收益，为投资者带来利润，还可以通过竞争机制发挥市场在资源配置中的作用，提高资源的配置效率，对经济的发展和农民收入的增长有着积极的作用。农村土地资本化又可以分为农村土地租赁、农村土地信托和农村土地股份合作等形式。农村土地租赁是指农民保留承包权，以一定的价格将土地经营权转让给受让人的行为。对出租农村土地的农民而言，可以获得一定的经济收入并有权按照合同到期收回土地经营权，不会失去对农村土地的承包权；对租入土地的农民而言，可以根据自身条件在一定时期内有偿获得一定规模的土地，促进劳动力、资金和农村土地的优化配置。农村土地信托是农村土地的承包者将一定期限内的经营权信托给受托人进行农业生产活动，土地经营所获收益归特定的受益人或委托人所有，受托人获得相应管理费用的方式。农村土地股份合作是把集体经济组织或农户的土地使用权量化入股，与其他农户或企业等农业投资者组成股份合作企业，并获得相应股息或红利的形式。农村土地股份合作以股份合作的形式实现一体化的组织管理，促进了土地、资金和劳动力等要素的联合。

（3）农村土地证券化。农村土地证券化的概念前文已经提及，它是农村土地金融的一种重要形式，是农村土地金融发展的高级阶段，通过发行具有较高信用和流动性的证券来进行融资，利用证券市场的功能将无法移动的土地转化成流动的金融资产。农村土地证券化有利于拓展新的融资渠道、充分发挥农村土地的融资功能和财产功能。

（四）制度变迁理论

1. 制度的内涵

新古典经济学主要研究社会资源的优化配置问题，把制度看作外生变量来研究。而马克思和制度经济学派却意识到了制度对经济发展起着至关重要的作用，将其作为研究的内生变量，但是二者对制度的认识不完全相同。

有学者研究认为，在马克思的研究中，制度实际上是社会生产关系或经济关系的总和，由经济基础和上层建筑两个层次组成；马克思著作中所说的经济、政治、法律制度的目的都是要"维持一种生产关系和经济关系的存在与运行，并使在这一经济关系下人们的经济活动具有较高的效率。"（顾钰民，2005）生产资料所有制是最本质层次的制度，体现的是人与人之间的最基本的经济关系，因此能够反映阶级关系，在社会经济中起着根本性的决定作用。产权制度是所有制关系的具体实现形式，是在一定所有制条件下经济主体所拥有的行为权利，同时也是生产资料所有制借以实现资源调节的方式，决定着经济主体间的利益关系。

美国经济学家托斯丹·邦德·凡勃伦（Thorstein Bunde Veblen）在借鉴德国历史学派的历史主义、美国早期实用主义哲学和社会达尔文主义的进化哲学等理论的基础上，创立了制度经济学，也就是后来的旧制度经济学派。这一学派沿袭凡勃伦传统，认为制度在社会经济生活中起着决定性作用，强调应从社会制度发展的视角研究制度变迁问题。凡勃伦的研究认为，制度的实质是一定时期内影响人们日常行为的思维习惯，它是一种历史积累的结果，会随外界环境的变化而变化。旧制度经济学的另一位代表人物约翰·罗杰斯·康芒斯（John Rogers Commons）强调了交易、产权和组织的作用，并认为制度就是集体行动控制个体行动的行为准则。

此后产生的新制度经济学是原有西方主流经济学理论的修正与改进，它将制度和交易成本等因素引入主流经济学分析框架，研究制度和经济发展之间的关系。新制度经济学的创始人罗纳德·科斯（Ronald Coase）首次提出了交易费用的概念，他认为，正是因为真实的经济社会中交易费用通常不为零，企业、法律体系等制度安排才有存在的必要，会影响资源的配置问题。新制度经济学的另一位奠基者道格拉斯·C. 诺思（Douglass C. North）认为，制度是一个社会的行为规则和道德规范，是人们社会交往中必须遵循的行为框架，其目的是要追求经济主体的效用或福利最大化，具体可以分为正式制度、非正式制度及实施机制三大部分。正式制度又称为正式约束或正式规则，是随着经济社会复杂性的提升，人们有意识制定的规则，它是一种硬性约束，具体包括经济规则、政治规则、契约等，为社会运行提供秩序。非正式制度也叫非正式约束或非正式规则，通常由人们在长期社会生活中互动选择演变而成，是一种软约束，包括风俗习惯、文化传统等。非正式制度不仅约束人们的社会行为，还会对正式制度的实施效果产生影响，是正式制度的有效补充，二者相容时才能充分发挥效果，否则可能引起人们的抵制而使正式制度丧失应有的功能。实施机制是对遵守或违反制度的人作出相应奖惩从而保证正式或非正式制度得以实施的方法和手段。一国的制度实施机制是否完善直接决定了这个国家制度的权威性和绩效。

2. 制度的功能

马克思从制度的本质进行分析，认为其具有整合资源和活动、规范人们行为、维护统治阶级利益等功能，其中维护统治阶级利益是制度最重要的功能。马克思认为，根据历史唯物主义规律，一个社会的生产关系建立之初与生产力的发展相适应，此时的统治阶级代表着先进的生产力，制度设计也符合生产力发展的要求，能够协调各方的利益关系。当统治阶级的活动无法适应生产力的发展时，特定的制度形态就会走向衰亡，并会被符合生产力发展要求的新制度形态所替代。制度整合资源和活动的功能是指，制度是一定时期一定范围内人们处理社会经济关系的规范和准则，因而可以调节经济社会各种资源的配置及人们的总体行为，促进经济的发展。制度的规范性功能是指制度作为一种外在强制力，能规范人们活动交往中的行为，保证社会秩序的有序运行，促进经济的良性运转。

新制度经济学则认为，制度具有降低交易费用、促进合作实现等功能。交易费用的概念最先由科斯提出，后经奥利弗·威廉姆森（Oliver Williamson）等学者发展。按照新制度经济学的观点，在产权明晰、交易成本很小或为零的条件下，可以达到资源的有效配置。但在现实生活中，市场交易活动会存在收集信息、谈判、监督等一系列成本，而制度可以保护产权、降低价格发现和要素流动等成本，降低交易成本。制度还有利于市场竞争中各主体之间合作的实现。随着经济专业化和劳动分工的加强，市场交易越来越复杂，而可靠的制度能够规范经济主体的关系和行为，减少经济主体的机会主义行为，降低交易契约中的不确定性，保证合作的顺利进行。

3. 制度变迁的动因

马克思主要从整个人类社会发展变化的高度研究根本性的制度变迁，研究的是整个社会经济体制的变革，他始终把生产力看作社会发展的第一动力，认为生产力和生产关系之间的矛盾是制度变迁的根本动因，认为当生产关系与生产力的发展相适应时，对生产力的发展有促进作用；当生产关系无法适应生产力的发展要求时，就会阻碍生产力的发展，需要进行制度变迁。此外马克思认为，不同阶级之间的利益冲突是制度变迁的直接动因。生产关系能够体现、决定一定的经济利益关系，生产关系的变革（制度变迁）必然会引起不同阶级之间经济利益的调整，而经济利益关系的调整又会反过来影响制度变迁。关于制度变迁的方式，马克思认为，制度变迁既有量变也有质变，既包括渐进式的演变，也包括激进式的革命。

新制度经济学的制度变迁理论主要研究具体的制度安排，是具体社会体制的变革。当在一定的条件下，现有制度无法获得额外收益时，就处于制度均衡状态，此时经济主体要想增加收益，必须对现有制度作出改变。从供给需求的角度看，如果对现存制度作出某些调整能产生新的预期收益，就会产生对新制度的需求，但不一定能导致新制度的供给。只有当新的制度安排带来的收益大于其成本时，制度供给才可能发生。

三、本章小结

农村土地证券化是指在土地规模化、集约化利用的基础上，通过结构性安排，将一定期限内土地的未来收益转化成可以流通的证券的过程。通过证券化，将原本缺乏流动性不易拆分的农村土地变成了可以拆分的小额可交易证券，增强了资源的流动性。完整的农村土地证券化过程应该包括农民自愿以农村土地组成新型农业规模经营主体、农业规模经营主体把一定期限内经营土地的未来预期收益转化成证券两个阶段。农村土地证券化的根本目的是为了筹集农业发展资金，农业基础论、资产证券化理论、土地金融理论、制度变迁理论等构成了农村土地证券化产生的理论基础。

第三章
农村土地证券化的作用及现实条件

一、中国农村土地制度概述

（一）中国农村土地制度改革历程

土地是人类经济社会发展的基础，土地制度在所有社会形态中都起着非常重要的作用，是一个国家或地区社会经济基础的重要组成部分。我国农村人口数量众多，人地关系紧张，农村土地制度设计直接关系到农民收入的增长、农业和农村的发展。中华人民共和国成立以来，我国农村土地制度的变革大致可以分为以下四个阶段：

1. 第一次变革：1949～1952 年，土地归农民所有，家庭经营阶段

20 世纪初，我国农村约 80% 的土地集中在占农村人口比例不到 10% 的地主和富农手中，占农村人口超过 90% 的贫农、中农、雇农占有的土地仅有 20% 左右，地主土地私有在当时的土地所有制结构中占主导地位，这也是旧中国农村落后的重要原因之一。中国共产党十分重视土地问题，领导中国人民进行了一系列土地改革。早在 1946 年发布的《关于土地问题的指示》中，中共中央就要求各级党委必须明确认识到解决解放区土地问题的重要性，并提出了解决土地问题的各项原则。1947 年 7～9 月在西柏坡召开的全国土地会议通过了《中国土地法大纲》，提出要实行耕者有其田的土地制度。1949 年 9 月，中国人民政治协商会议第一届全体会议通过了《中国人民政治协商会议共同纲领》，规定要“有步骤地将封建半封建的土地所有制改变为农民的土地所有制……凡已实行土地改革的地区，必须保护农民已得土地的所有权。凡尚未实行土地改革的地区，必须发动农民群众，建立农民团体，经过清除土匪恶霸、减租减息和分配土地等项步骤，实现耕者有其田”①。1950 年 6 月，《中华人民共和国土地改革法》颁布，规定要实行“农民的土地所有制”，同年秋季，以此为指导，土地改革运动在全国范围内分批开展。1952 年底，土地改革基本完成，从根本上改变了旧中国地主阶级剥削的土地所有制，实现了耕者有其田，促进了农村经济的发展和农业生产力的提高。1949～1952 年，我国农业生产力迅速提高，粮食总产量年均

① 中华人民共和国中央人民政府中国人民政治协商会议．中国人民政治协商会议共同纲领[Z]．1949－09－29.

增长率超过13%，棉花、油料总产量年均增长率分别达到43.15%和21.17%（杨德才，2002）。

2. 第二次变革：1953~1956年，农民所有，互助合作经营阶段

从1953年起我国开始集中力量进行大规模经济建设，单个分散的土地经营模式无法满足当时我国工业化建设的需求，于是提倡发展农民之间的互助合作。同年2月15日，《关于农业互助合作的决议》正式通过，提出了临时互助组、常年互助组和初级合作社等互助合作的主要形式；12月16日又通过了《关于发展农业生产合作社的决议》，掀起了兴办农业合作社的活动。1954年底全国的初级社数量已经达到了约48万个。1955年10月，《关于农业合作化问题的决议》通过，农业合作化运动进一步发展，到1955年底，全国初级社已经超过190万个，全国约有63%的农户加入了生产合作社。在这一阶段，土地的农民所有制性质并未发生改变，农民按提供土地的数量获取报酬。

3. 第三次变革：1957~1978年，集体所有，集体经营阶段

1956年通过的《农业生产合作社示范章程》规定，要取消土地报酬，同时要求农民把土地等主要生产资料转化为集体所有，加入高级社。到年底，已有超过87%的农户加入高级合作社；到1957年，这一比例更是达到96.2%。1958年起开始实行“小社并大社”的并社活动，8月召开的中央政治局扩大会议正式通过了《关于在农村建立人民公社问题的决议》，做出将高级合作社升级为人民公社的决定，这也标志着“一平二调、一大二公”，以人民公社为组织形式的农村集体土地所有制的产生。1962年9月中共八届十中全会在北京召开，会议通过了《农村人民公社工作条例（修正草案）》（简称六十条），条例规定“人民

公社的基本核算单位是生产队。根据各地方不同的情况，人民公社的组织可以是两级，即公社和生产队，也可以是三级，即公社、生产大队和生产队"[①]，即"三级所有，队为基础"的土地制度；同时恢复了社员的自留地、自留山和家庭副业，并允许家庭副业的产品在集市上贸易。这种制度安排在一定程度上提高了农民的积极性，产生了一定成效，此后的三年农业生产实现了连续较快增长。1966 年开始我国农村土地问题的改革探索停滞不前但一直保留了"三级所有、队为基础"的制度。

在人民公社时期，我国主要农作物的人均占有量有所降低，这也在客观上产生了对农地产权制度创新的需求。1978 年安徽省凤阳县小岗村"包干到户"的做法拉开了我国农村改革的序幕。

4. 第四次变革：1979 年至今，集体所有，家庭联产承包经营阶段

1979 年 9 月，十一届四中全会正式通过《中共中央关于加快农业发展若干问题的决定》，把"两个不许"改为"不许分田单干"和"除某些副业生产的特殊需要和边远山区、交通不便的单家独户外，也不要包产到户"，这为农村土地制度的改革开了口子，集体所有、集体经营的农地制度逐渐向家庭经营的方向转变。1980 年 5 月邓小平在关于农村政策的谈话中正式表态支持安徽省的做法，9 月印发的《关于进一步加快和完善农业生产责任制的几个问题》中指出，农业生产责任制不要搞"一刀切"，可以根据各地的实际情况采取不同的形式，在边远山区和贫穷落后地区实行包产到户不是资本主义的复辟，不会脱离社会主义方向，此后各种生产责任制形式在全国范围内迅速推开。

① 中国共产党第八届中央委员会．农村人民公社工作条例修正草案［Z］．1962－09－27.

1982~1984 年，中央连续三年以一号文件的形式肯定了包产到户的地位和积极作用。1982 年的中央一号文件指出“目前实行的各种责任制，包括小段包工定额计酬，专业承包联产计酬，联产到劳，包产到户、到组，等等，都是社会主义集体经济的生产责任制……包产到户……是建立在土地公有制基础上的……是社会主义农业经济的组成部分；随着生产力的发展，它将会逐步发展成更为完善的集体经济……社员承包的土地，不准买卖、不准出租、不准转让、不准荒废，否则集体有权收回；社员无力经营或转营他业时应退还集体”[①]，这是以一号文件的方式首次肯定了包产到户的社会主义性质，但同时限制了土地的流转，当时的宪法也明确规定了农村土地归集体所有，“任何组织或者个人不得侵占、买卖、出租或者以其他形式非法转让土地”。[②] 1983 年的一号文件提出，联产承包制能同时发挥个人的积极性和集体的优越性，促进我国农业的发展和向现代农业的转变，高度评价了“双包”为主的家庭承包责任制，并指出要完善农业生产责任制。到 1983 年底，全国有 90% 以上的农户实行家庭联产承包责任制。1984 年的中央一号文件肯定了生产责任制对生产力的促进作用，提出要继续稳定、完善联产承包责任制，延长土地承包期限，一般应在 15 年以上，鼓励农民加大投资力度，同时放松了对土地流转的管制，规定“鼓励土地逐步向种田能手集中。社员在承包期内，因无力耕种或转营他业而要求不包或者少包土地的，可以将土地交给集体统一安排，也可以经集体同意，由社员自找对象协商转包，但不能擅自改变向集体承包合同的内容。转包条件可

① 中共中央．全国农村工作会议纪要［Z］．1982－01－01.

② 中华人民共和国宪法［Z］．1982.

以根据当地情况由双方商定”。[①] 1984 年全国范围内基本都实行了家庭联产承包责任制，当年的粮食产量也达到了当时破纪录的 40731 万吨。

1985 年，中央以一号文件的形式宣布联产承包责任制和家庭经营的政策长期不变；且除个别品种外，把粮食的统购派购政策改为合同收购，由市场形成价格，这也标志着我国农产品进入“双轨制”的购销体制时期，但此时的合同订购依然具有“国家任务”的性质。1986 年，在《关于一九八六年农村工作的部署》中强调家庭承包是党的长期政策，指出要继续实行农村改革的方针政策，强调要鼓励土地集中经营，发展适度规模的种植专业户，并首次提出了“双层经营体制”的概念。同年 4 月，《中华人民共和国民法通则》公布，首次提出“农村承包经营户”和“土地的承包经营权”的概念。6 月通过的《中华人民共和国土地管理法》规定，土地的承包经营权受法律保护，家庭联产承包责任制初步完成法制化。1988 年 4 月通过的《中华人民共和国宪法修正案》规定土地的使用权可依法转让，12 月通过的《土地管理法》也做了类似规定。1990 年国务院决定把粮食的合同定购改成国家定购，并将交售国家定购粮规定为农民的义务。1991 年和 1992 年，国家分别把城镇居民口粮的平均销售价格提高了 67% 和 43%，推进粮食价格和购销体制的改革，改变粮食购销双轨制的状况。1992 年，中国放开粮食价格的县（市）超过了 30%，到 1993 年上半年，已经有 95% 的县（市）宣布放开粮价。

1993 年《关于当前农业和农村经济发展的若干政策措施》

① 中共中央．中共中央关于一九八四年农村工作的通知［Z］．1984－01－01.

中规定，“为稳定土地承包关系，鼓励农民增加投入，提高土地的生产率，在原定的耕地承包期到期之后，再延长三十年不变。提倡在承包期内实行‘增人不增地、减人不减地’的办法。在坚持土地集体所有和不改变土地用途的前提下，经发包方同意，允许土地的使用权依法有偿转让”。[①] 1995 年国发［1995］7 号文件批转了农业部《关于稳定和完善土地承包关系意见的通知》，提出要建立土地承包经营权流转机制，同时提出在第二、第三产业较发达的地区，可以在尊重农民意愿的前提下发展适度规模经营。1998 年修订后的《土地管理法》把“土地承包经营期限三十年”的规定以法律形式确定下来，10 月通过的《中共中央关于农业和农村工作若干重大问题的决定》强调要“稳定土地承包关系……要坚定不移地贯彻土地承包期再延长三十年的政策，同时要抓紧制定确保农村土地承包关系长期稳定的法律法规，赋予农民长期而有保障的土地使用权”。[②] 1999 年“以家庭承包经营为基础、统分结合的双层经营体制”作为我国农村基本经营体制写入宪法。

2000 年中央提出按照减轻和稳定农民负担的指导思想对农业税费体制进行改革，从 2001 年起在部分省市进行试点推广，2002 年扩大了农村税费改革试点范围，2003 年开始在全国范围内全面推广。2002 年 8 月通过的《农村土地承包法》规定土地承包经营权可“依法、自愿、有偿”流转，并规定了土地承包经营权流转合同的一般条款。2006 年 1 月 1 日起，在我国征收了 2600 多年的农业税正式取消，这大大减轻了农民的压力，有利于

① 中共中央国务院．关于当前农业和农村经济发展的若干政策措施［Z］．1993－11－05．

② 中国共产党第十五届中央委员会第三次全体会议．中共中央关于农业和农村工作若干重大问题的决定［Z］．1998－10－14．

农民的休养生息。[①] 2013 年又提出依法维护农民土地承包经营权，稳定农村土地承包关系并保持长久不变，并允许农民以承包经营权入股的方式发展产业化经营。[②]

2014 年的中央一号文件提出要完善农村土地承包政策，首次提出“在落实农村土地集体所有权的基础上，稳定农户承包权，放活土地经营权，允许承包土地的经营权向金融机构抵押融资”，[③] 即“三权分置”，这是我国继家庭联产承包责任制后的又一制度创新。2015 年的中央一号文件则提出要“创新土地流转和规模经营方式，积极发展多种形式适度规模经营。土地经营权流转要尊重农民意愿，不得硬性下指标、强制推动……在确保土地公有制性质不改变、耕地红线不突破、农民利益不受损的前提下，按照中央统一部署，审慎稳妥推进农村土地制度改革”。[④] 2015 年出台的《关于加快转变农业发展方式的意见》和《深化农村改革综合性实施方案》中都提到可以开展农民土地承包经营权的有偿退出试点。2017 年，党的十九大报告中明确提出要完善承包地“三权分置”制度。2018 年的中央一号文件提出要实施乡村振兴战略，并提出稳定农村土地承包关系长久不变、落实第二轮土地承包到期后再延长 30 年的政策，完善农地“三权分置”制度和农业支持保护制度。

① 中华人民共和国代表大会常务委员会．关于废止《中华人民共和国农业税条例》的决定［Z］．2005－12－29.

② 中国共产党第十八届中央委员会．中共中央关于全面深化改革若干重大问题的决定[Z]．2013－11－12.

③ 中共中央国务院．关于全面深化农村改革加快推进农业现代化的若干意见［Z］．2014－01－19.

④ 中共中央国务院．关于加大改革创新力度加快农业现代化建设的若干意见［Z］．2015－02－01.

（二）土地改革的现实选择是扩大使用权能

对中国农村土地制度现存问题的解决方法，学者们有不同的看法。在理论研究方面，一部分学者提出“三农”问题的根本原因就是农村土地不属于农民私有（杨小凯，2002），土地无法自由买卖是农民贫穷的主要原因（茅于轼，2014），土地集体所有制是变相限制农民自由（陈志武，2011；李再扬，1999），无法形成土地私有制是近代中国停滞的主要原因，农村土地私有化是解决“三农”问题的有效途径（蔡继明，2005；文贯中，2014），从中长期来看，体制改革应该承认和保护农民的土地所有权（许成钢，2014）。另一部分学者持截然相反的观点，认为不能盲目照搬西方制度，土地私有化不可能解决发展中国家的发展问题，可能会引起政治制度甚至是意识形态的巨大变革（朱吉江，2012）。中国最好能改良现行的土地制度（温铁军，2014），过早的土地私有化会产生严重的社会问题（韩俊，2015；华生，2014；简新华，2014；贺雪峰，2010），双方很难达成共识。

现实是，中国实行的是社会主义制度，土地公有制是我国基本经济制度里最基本的制度，是中国特色社会主义的重要制度安排。中共十八届三中全会《决定》指出，要坚持农村土地集体所有权，要在承包关系保持长久不变、坚持最严格的耕地保护制度的前提下，赋予农民对承包土地的占有、使用、流转、收益等其他权能。习近平强调，土地改革要坚持三条底线：坚持土地公有制性质不改变、耕地红线不突破、农民利益不受损。[1] 中国的土

① 习近平．推动改革顶层设计和基层探索互动［EB/OL］．新华网，http：//news. xinhuanet. com/2014 －12/02/c_ 1113492626. htm.

地制度不仅仅是经济问题，更是社会问题和政治问题，农村土地改革牵一发而动全身，一定要谋定而后动（陈锡文，2014）。2015年1月22日，国务院办公厅印发《关于引导农村产权流转交易市场健康发展的意见》，明确规定现阶段市场流转交易的农村产权不涉及农村集体土地所有权和依法以家庭承包方式承包的集体土地承包权，[①] 在这种情况下，短期内土地改革很难完全放开，农村土地改革的现实选择只能是扩大、落实农民对农村土地的使用权权能。对农村土地是否应私有化的讨论很有意义，但考虑到现实条件的约束，研究落实农民产权的具体路径也是很有必要的。因此发挥土地的金融功能，探寻强化土地权能的具体路径有着很强的现实意义。

二、农村土地证券化的作用

（一）拓宽农业融资渠道

目前我国农业投入资金的来源渠道主要有财政资金、金融机构、农民自有收入、民间借贷四种。在财政支农方面，没有新的制度创新刺激其他投入的情况下，财政资金投入也是最直接有效的办法，但这样会给国家带来较大的负担。我国虽然财政支农资金总量在增加，但是仍显不足，同时财政支农资金还存在结构失

① 国务院办公厅．关于引导农村产权流转交易市场健康发展的意见［Z］．2015－01－22.

调、管理混乱等问题，地方财政挤占、挪用本就不足的生产性支农资金，使农业这一弱质行业面临的条件更是雪上加霜。在金融机构信贷方面，中国等发展中国家的涉农贷款大多集中在少数大农业企业，能够成功贷到款的农民极少，而且通常金额不高。在农户自有资金方面，一方面，由于历史、政策等方面的原因，我国农业的自我积累能力低，农户的自有资金无法满足农业发展的需求；另一方面，由于抗风险能力差和对土地产权缺乏稳定性预期，农户对农业投入的意愿不足。在民间借贷方面，现阶段我国政府对民间借贷实行非常严格的管制，这在很大程度上抑制了其有利影响的发挥。可以说，现有的资金来源渠道无法满足农业发展的需求。

资产证券化作为一种创新，是金融发展的方向，它彻底改变了传统的金融中介方式，为资金供求双方提供了一条更有效的融资渠道。如果能将农村土地资产证券化，就可以吸引法人企业、外国资本等多种渠道的投资，可以为农业筹集发展所需的资金。目前金融机构的信贷无法满足农业发展需要，很大一部分原因就是因为单个农户信用水平较低，金融机构出于自身利益的考虑，对农业的贷款比重小、门槛高、额度小、期限短，加上农民又缺乏有效的抵押品，这在一定程度上影响了农业贷款的发放。而农村土地证券化可以通过“破产隔离”的机制设计，使农民自身的信用水平被置于相对次要的地位，因而可能突破单个农民的信用限制，使优质土地经营项目可以获得经营资金。对投资者而言，土地的位置固定决定了农业投资具有较强的区域性。资产证券化通过资产重组、风险阻隔、信用增级的过程，将社会闲散资金集中起来投入农业生产活动中，打破了原有农业投融资体制的社区封闭性，为其他领域的资金进入农业创造了条件。通过农村土地证券在国内和国际市场的发行和流通，可以使国内金融市场与国际金融市场接轨，实现资金来源的多样化，为我国农业利用外资提供新渠道。

同时，农村土地证券化还有分散风险的功能，使土地经营者的收入有了一定的保障。传统的间接融资方式过度依赖银行贷款，易导致风险向银行部门集中，因而受到较大程度的限制，农业投资金额大、资金回收期长的特点也限制了中小投资者的进入。农村土地证券化对金融机构流动性的影响较小，因此可以降低其对回报率的要求，从而降低农业经营者的融资成本，国外农村土地证券化的实践也证明了这一点；土地证券的面值、期限等较为灵活，可以根据不同类型投资者的需求设计出不同的证券产品，消除市场进入的限制，把原本由单一农业经营主体所承担的风险分散到数量众多的投资者，增强了农业经营主体的风险抵御能力。在这种情况下，资本市场尤其是证券市场可以作为解决农业发展资金问题的一个有效途径，能够拓宽农业发展资金的来源渠道，通过杠杆作用充分放大了政府对农业的支持，降低了对财政拨款的依赖性。

（二）促进农业向规模化机械化经营方向发展

一直以来我国人均耕地不断减少，土地供求矛盾日益突出。现行的家庭联产承包责任制通常采取均田承包的方式，按人口分配土地，有的地区还根据耕地质量、区域、地势和距离等条件进行搭配，这样做的好处是实现了公平，缺点是导致耕地细碎化，形成了农村土地小规模零碎分散的经营格局。根据2018年经济日报社发布的《新型农业经营主体土地流转调查报告》显示，我国普通农户的户均耕地规模只有7.53亩，相当于欧盟的1/40，美国的1/400。加上区域分布不均，很多农户家庭的耕地还不到7.5亩，却被分成了很多零碎的地块。按照2017年土地矿产海洋资源统计公报的结果，截止到2016年底，我国耕地面积约20.24亿亩，人均约1.46亩，且土地细碎化现象严重，大大减少了有效耕地面积。日益落后的传统耕作方式越来越无法适应现代农业的要求，适度规模经营成为大势所趋。在理论方面，如图3－1所示，农村土地经营规模达到 Q_0 之前存在着规模经济的情况，规模过小，农户在获取种子、农药等生产要素和市场供求信息方面都处于劣势，机械设备等要素的使用受到一定限制，生产要素无法得到有效配置，因而同等条件下，土地细碎化利用的生产成本较高而收益较低。随着土地经营规模的扩大，亩均收入呈现出先升后降的倒U形曲线的形状。

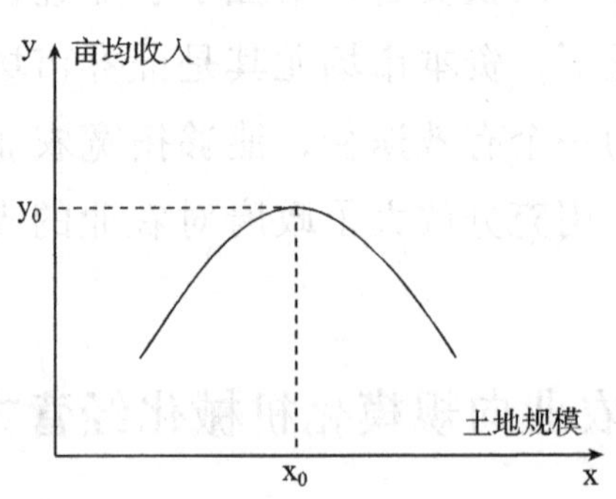

图3－1　土地经营规模与亩均收入

在实践方面，Jabarin 和 Francis（1994）、Huang 和 MacAulay（2007）分别对约旦北部地区和越南河西、安沛两省进行微观调查，研究发现，耕地细碎化增加了农户的生产成本；Lon（2011）等通过对缅甸143个样本农场的研究发现，细碎化限制了耕地的有效利用；万广华和程恩江（1996）、Nguyen（1996）、苏旭霞和王秀清（2002）、Tan（2008）、李寅秋等（2011）对国内的研究也得出了类似的结论。王建英、陈志钢等（2015）通过对江西省农户的微观调研数据研究发现，农地生产率与农户经营规模正相关；骆永民和樊丽明（2015）认为，农地规模化经营能够提高现有农业投资的增收效应。

农村土地证券化有利于土地流转和新型经营主体的形成，提高农业生产和土地的利用效率。现阶段土地细碎化的一个重要原因是，部分农户担心失去农村土地的承包权，宁愿撂荒也不愿意流转土地，因此较少出现大规模流转的情况。农村土地证券化是未来一定时期内预期收入的证券化，能够在不改变现有的土地权属性质的情况下，将原本缺乏流动性不易拆分的农村土地变成可以拆分的小额可交易证券，增强了资源的流动性。农民没有了失去土地承包权的担心，有更大的积极性流转土地。形成规模经营主体后，为了融通更多的资金和获得更高收益，这些新型经营主体必然会对土地进行开发整理，通过改良土壤、整合零散地块、建设高标准农田等措施提高耕地质量、优化土地利用结构，实现规模化经营，提高土地资源的利用效率，改善现有耕作水平。农地证券化还通过将闲散资金集合起来投入农业经营，盘活土地资产，为农村金融注入了新的活力，提高了资金的利用效率。而证券化所具有的分散风险、筹集资金的功能也使农户愿意增加农业投入获取更多收益。农户获取资金后还可以增加对农业基础设施等方面的投入来提高经济效益，也可以购买良种、化肥等生产资料，引进先进农业技术，发展生态农业或进行农产品的深加工等，促进农业产业化发展。

（三）促进资源优化配置

土地面积有限、在合理利用和保护的情况下可以永续利用，因此促进土地资源的持续有效利用是人类生存发展的客观需要。但是土地作为一种资产无法移动不能分割，大大限制了土地的流动性。目前在我国构建灵活、合理的流转机制已成为多数学者的共识，中央一号文件也多次提及要鼓励农村土地流转。农村土地证券化要求在不改变现有家庭联产承包责任制核心内容的情况下成立新型农业经营主体，将未来一定期限内的预期收益折现，此时土地的所有权与承包权不会发生变化，农村土地没有失去原有的保障功能。因此，农村土地证券化不仅可以为农业提供新的长期融资渠道，还能够促进土地流转，发挥市场在资源配置中的作用，实现土地保有者与实际经营者的分离，使专业化的农业开发公司经营土地成为可能，有利于农业产业结构的优化升级，通过各个主体间的分工，提高土地和资金资源的利用效率。土地价值量大，对土地进行投资的门槛较高，超出了很多小规模投资者的投资能力，工商资本金融在农业领域投资又存在诸多限制，因此无法达到资源的合理配置。农村土地证券化作为资产运用的手段，利用证券市场的功能解决了土地单位价值量大、无法分割等问题，使普通投资者也可以对土地进行投资，实现了土地资本的大众化和经营专业化，把难以流动的土地资产转化成了流动性的金融资产，使土地资源可以在更大范围内进行优化配置。

（四）缩小城乡收入差距

我国的经济发展已经取得了巨大的成就，但是农民并未充分享受发展的成果，收入增长缓慢。虽然国家采取了取消农业税等很多措施，但除个别时期外，我国城乡差距总体呈扩大的趋势。根据《中国统计年鉴》的数据，2000年以来我国的城乡收入比虽然有波动，但总体仍在3以上。2003年城镇居民家庭人均可支配收入为7702.8元，同比增长9.99%；农村家庭人均纯收入为2475.6元，同比增长仅为5.92%（二者统计口径不同）。2004～2012年，二者增幅大体接近，但是绝对差距仍在拉大。如图3－2所示。

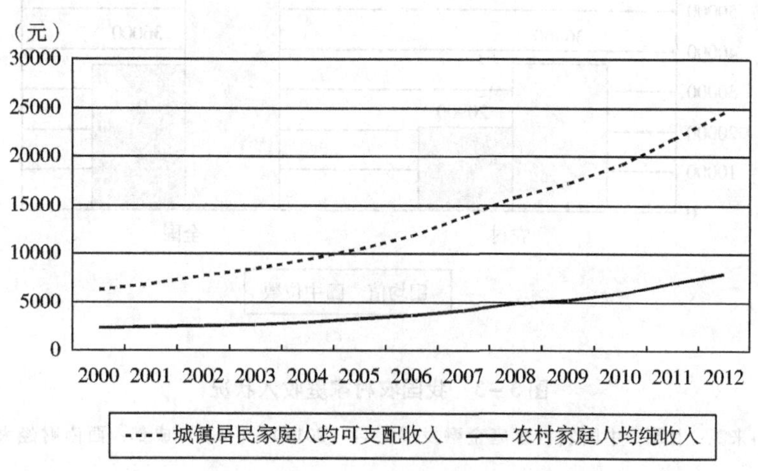

图3－2　中国城乡居民收入状况

资料来源：历年《中国统计年鉴》。

2013年起我国采用新的统计口径，全国人均可支配收入为18310.76元，城乡居民人均可支配收入分别为26467.00元和9429.59元，城乡收入比为2.81；到2014年这一比值下降到2.75，略有改善但仍处高位，绝对差距依然高达18354.97元。即使考虑到发展阶段的因素，我国城乡差距问题也非常严重——高收入国家的历史上，城乡差距鲜有高于2倍的。如果考虑到城乡在教育、医疗、交通、文化等方面的隐性福利，实际差距会更大。

按照《中国农村家庭金融发展报告（2014）》的数据，2013年我国家庭户均收入6.22万元，中位数3.6万元；农户家庭户均收入仅有全国平均水平的58.82%，为3.66万元，中位数仅有平均水平的58.06%，为2.09万元，如图3－3所示。

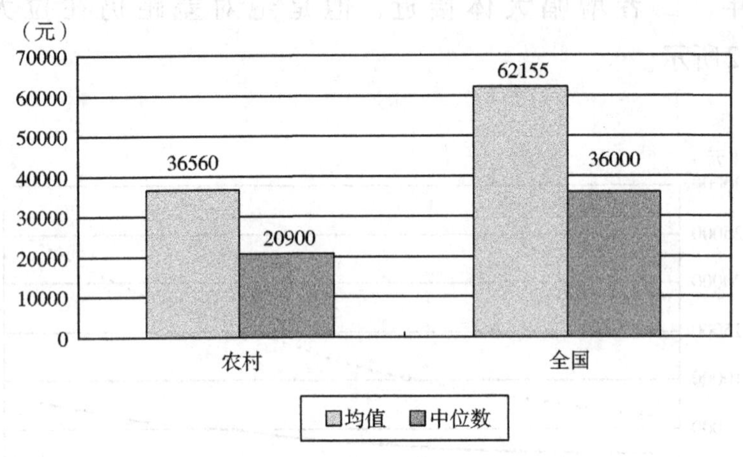

图3－3　我国农村家庭收入状况

资料来源：甘犁．中国农村家庭金融发展报告（2014）［M］．成都：西南财经大学出版社，2014.

由于土地细碎化无法形成规模经济、农业投资不足、种子化肥等生产要素价格提高等原因，农业收入低下而生产成本提升；加上第二、第三产业的快速发展，越来越多的农村劳动力从事非农产业，农户兼业趋于常态化，越来越多的农户依靠兼业来获得额外甚至是主要收入，且兼业化程度不断加深，农业（种植业）对相当多的农户来说已经只是收入增长中的“副业”，农民纯收入中来自农业收入的比重正在明显下降。而且对农民而言，进城务工虽然增加了收入，但如果没有稳定的技能，并不能保证可以在城市获得持续收入。2012 年在全国农村居民人均 7916.6 元的纯收入中，来自农业纯收入的比重仅为 26.61%（2106.8 元）。2002 ~2012 年农业收入占农民收入比重总体呈下降趋势，如图 3 -4所示。

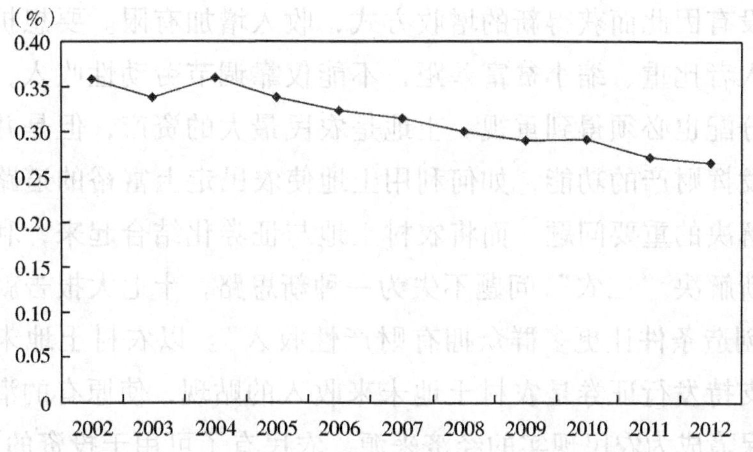

图 3 -4　农业收入占农民收入比重

资料来源：根据历年《中国统计年鉴》数据整理。

而按照《中国农村家庭金融发展报告（2014）》的数据，2013 年农户外出务工所占比例超过 50%，兼营第三产业的占到 22.83%。在我国农村家庭收入中，工资性收入所占比重最高，占到总收入的 48.6%，为 1.78 万元；农业收入所占比重仅有 21.7%，为 0.79 万元。分区域来看，在东部地区农户收入中，农业收入所占比重最低，仅为 12.7%，中部和西部地区的比重分别为 30.2% 和 23.1%。

“三农问题”的本质是城乡二元体制造成的城乡收入差距扩大，城乡差距是我国现阶段社会不稳定的根源，也不利于经济的长期发展。解决“三农”问题的关键是增加农民的收入，农民收入增长缓慢的根本原因之一就是农民无法充分利用土地资产创造收入并积累资本。全面取消农业税和种粮补贴在一定程度上调动了农民的积极性，减轻了他们的负担，但这只是把一部分土地产出从国库转移到了农民手中，农业生产效率并未有大幅提高，农民也没有因此而获得新的增收方式，收入增加有限。要想扩大中等收入者比重、缩小贫富差距，不能仅靠调节劳动性收入，要素参与分配也必须得到重视。土地是农民最大的资产，但是并没有真正发挥财产的功能，如何利用土地使农民走上富裕的道路是当下要解决的重要问题。而将农村土地与证券化结合起来，利用金融创新解决“三农”问题不失为一种新思路，十七大报告就提出要“创造条件让更多群众拥有财产性收入”。以农村土地未来收益为支持发行证券是农村土地未来收入的贴现，使原有的潜在的生活保障成为农民现实的经济来源，农民有了可用于投资的资产，可以参与到资本市场获得财产性收入。陈志武就认为，英国在18世纪到19世纪的竞争中超越法国的一个关键因素就是因为英国有发达的金融技术将未来收入提前变现，当今社会，谁能够以更低的成本将更多的未来收入变现，谁就能拥有更多的发展机会。

同时农村土地证券化还可以解放大量的劳动力，使他们可以集中精力从事非农产业的劳动，使农民收入结构更加多元化，从而缩小城乡的收入差距。对于继续从事农业生产的农民而言，农村土地证券化为其提供了可用于投入的资本，实现资源的优化配置，提高了资金和土地的利用效率，也会促进农民的收入增加。同时农村土地证券化还能借助资产证券化的组合、优化，分散因自然灾害、市场等因素带来的风险，使农民获得较为稳定的收入。

三、中国实施农村土地证券化的现实条件

（一）农村土地适合资产证券化

1. 农村土地的特点决定了它适合作为证券化的基础资产

土地是人类生存和发展的基础，能够为人类提供赖以生存和发展的环境、资源等条件，是人类社会财富重要的组成部分，在合理保护的前提下可以被永续利用，还有着无可替代的承载功能、景观功能、资产功能等。土地具有面积有限、位置固定等特点，其供给具有稀缺性，随着人口的持续增长和我国城市化进程的加快，这种稀缺性会更加显著。农村土地本身不会产生未来现金流收入，但经营农村土地能获得可预测的现金流，且对相对缺乏弹性的农产品而言，消费者对农产品的需求通常不会出现大的波动，加之我国农产品存在着最低收购价格，如 2018 年中央一号文件中提出要探索建立三大粮食作物完全成本保险和收入保险试点工作等，因此农村土地一般情况下可产生较稳定的预期现金流。资产证券化的根本目的是融资，是将具有稳定、可预见的现金流收入、缺乏流动性的资产汇集起来，重组之后转换为可在金融市场流通的标准化证券的过程，它最大的特点是把缺乏流动性的资产转换为可以自由买卖的金融工具，达到规避风险或是低成本融资的目的。证券化又不仅仅是未来收入的变现，它能为未来

发展创造更多的机会。农村土地的流动性差、价值量大，可以产生较稳定的现金流收入，是一种适合证券化的资产。农村土地证券化可以盘活存量资产，提高资源的配置效率。

2. 我国承包土地的财产性质越来越明确

要促进我国农村土地证券化的实施，解决土地的长期投入不足、农村土地抛荒、生产效率低下等问题，就要使承包土地具有财产性质，即农民在承包期内拥有占有、收益、处分承包土地的权益。扩大土地的使用权能、赋予承包土地财产权是促进土地流转、增强农民预期、促进农村土地可持续利用的客观要求。家庭联产承包责任制的实施将土地的所有权与使用权分离开来，农村土地的使用权具有了相对稳定的财产性质，此后的土地改革总体朝着明确承包土地财产性质的方向前进。具体如表 3－1 所示。

表 3－1　法律法规及相关文件对土地财产性质的表述

	内容
1993 年《农业法》	除承包合同另有约定外，土地承包方有经营决策权、产品处分权和收益权；土地使用权可依法转让等
2002 年《农村土地承包法》	土地承包经营权人有依法流转土地的权利
2008 年中央一号文件	明确农民家庭财产的法律地位，保障农民对集体财产的收益权，创造条件让更多农民获得财产性收入
2008 年十七届三中全会《决定》	保持现有土地承包关系稳定、长久不变，搞好农村土地确权颁证工作
2010 年中央一号文件	加快确权登记颁证工作的进度
2011 年《关于加快推进农村集体土地确权登记发证工作的通知》	加快农村集体土地确权登记发证；实现信息化管理和全国范围的土地登记信息动态监管

续表

	内容
2013 年十八届三中全会《决定》	坚持农村土地集体所有权，要在承包关系保持长久不变、坚持最严格的耕地保护制度的前提下，规定农民对承包土地享有占有、使用、流转、收益等权利，并赋予农民承包经营权的抵押、担保等权能 鼓励和引导工商资本到农村发展适合企业化经营的现代种养业
2014 年中央一号文件	赋予农民更多财产权利，落实农村土地确权工作；可以采用确权确地、确权确股不确地等方式
2015 年中央一号文件	抓紧实施农村土地承包经营权确权登记办证工作
2016 年中央一号文件	完善所有权、承包权、经营权“三权分置”办法
2016 年《不动产登记暂行条例实施细则》	土地承包经营权登记等相关规定
2017 年中央一号文件	落实农村土地“三权分置”办法，加快承包地确权登记颁证
2018 年中央一号文件	全面完成土地承包经营权确权登记颁证工作，完善农村承包地“三权分置”制度

以上规定都意味着农民对土地承包权的财产性质越发清晰，农民对承包土地享有充分的财产权，提高了土地流转、入股等交易的安全性，使农民之间、农民与农业合作经营组织之间发生土地纠纷的情况尽量最小化，降低了土地流转的交易成本，为农村土地证券化创造条件。

3. *农村土地的社会保障功能弱化*

长期以来，由于我国农村社会保障体系不健全，土地对农民来说不仅是一种生产要素，更扮演着失业保险、社会保障等角色，有研究认为，农村土地对农民基本生活保障功能的价值远远大于其经济效用。近年来，随着第二、第三产业的发展，越来越多的农村劳动力转移到非农产业中来，农业收入在农民总收入中的比重不断下降，甚至已经不是其收入的主要来源，农民对土地的依附程度显著降低，农村土地的社会保障功能渐趋弱化。由于主要劳动力外出务工，很多地方甚至出现了耕地撂荒的现象，这也使农村土地证券化成为可能。

（二）中国的证券化实践为农地证券化提供经验借鉴

我国早在1992年就开始了证券化的尝试，在海南省三亚市最先发行了2亿元的地产投资证券，标的为丹州小区的800亩土地，基础资产为地产开发的销售权益，此后又陆续发行了几起离岸资产证券化的案例。2005年作为中国信贷资产证券化试点银行的国家开发银行和中国建设银行发行信贷资产抵押证券人民币71.05亿元。2005年9月据此由中国国际金融有限公司负责联通CDMA网络租赁费证券化产品的发行工作，成功筹集资金32亿元；12月，包括中国人民银行和银监会在内的多个部门论证后，我国开始了金融机构信贷资产证券为试点工作。我国不动产收益权证券化的尝试——莞深高速公路收费收益权专项计划也是在2005年开启的。此后资产证券化在我国飞速发展，到2007年底累计发行规模超过500亿元，涵盖了地产、电力、交通等许多行业。2008年受到全球金融危机的影响，我国的资产证券化陷于停滞，如何控制风险成了理论和实务界关注的焦点，投资者对资产信用的疑虑也导致证券化产品无人问津。2010年开始，企业希望有新的低成本安全的融资方式，产生了重启企业资产证券化的要求，"十二五"规划提出要加快多层次金融市场体系建设，稳步推进资产证券化工作，此后我国的资产证券化实践如表3－2所示。

金融机构和企业资产证券化的实践为我国农村土地资产证券化提供了宝贵的经验，资产证券化框架的日趋完善和市场的快速发展也为我国农村土地资产证券化的发行创造了良好的条件。

表3-2　2010年后我国的资产证券化实践重大事件及相关规定

时间	相关内容
2011年	远东国际租赁公司获批推出远东二期专项资产管理计划项目
2012年	工银租赁专项资产管理计划等三个项目 《关于进一步扩大信贷资产证券化试点有关事项的通知》标志着资产证券化的重启；12开元信贷资产支持证券
2013年	《证券公司资产证券化业务管理规定》明确界定了基础资产的概念，并对管理人和原始权益人应履行的职责和禁忌事项等做了较为明确的规定 国务院发布《关于近日支持经济结构调整和转型升级的指导意见》，指出要逐步推进信贷资产证券化常规化发展 银监会于2013年11月选定广东顺德农商行、江苏的江南和无锡农商行、吉林九台、山东广饶、天津滨海6家农商行作为全国农商行信贷资产证券化工作试点单位，年底又增设了江苏江阴、浙江龙湾、深圳农村商业银行3家农商行为试点
2014年	批准了中信银行、光大银行、招商银行等27家银行信贷资产证券化业务资格 《关于信贷资产证券化备案登记工作流程的通知》，将信贷资产证券化业务由审批制改为业务备案制，意味着信贷资产证券化金融常态化发展阶段 广东顺德农村商业银行发行全国农村中小金融机构成功发行的首单信贷资产支持证券
2015年	资产证券化迎来爆发元年，发行规模达到5930.39亿元，市场存量7178.89亿元
2016年	《非金融企业资产支持票据指引（修订稿）》，把特殊目的机构SPV引入资产支持票据产品交易结构
2017年	资产证券化产品累计发行规模3.51万亿元，市场存量达到1.76万亿元

（三）法律法规及相关文件为农地证券化创造了条件

随着我国社会主义市场经济的发展和农村土地制度改革的不断深入，我国的法律法规逐渐趋于完善。如1988年的《宪法修正案》首次以法律的形式明确规定土地使用权可依法转让，2012 年修订的《农业法》提出要鼓励农民成立专业合作经济组织，采取措施发展农业产业化经营等，2001 年实施的《信托法》为我国特殊目的机构的设立提供了必要的法律支撑，《证券法》、《保险法》等法律法规为农村土地证券化的发行提供了法律规范。

除了法律法规外，中央的相关文件也有相关的规定。如 1984 年的中央一号文件规定农村土地可依法转让，1995 年国务院发文指出承包法在一定条件下可以流转土地，党的十八大报告进一步指出要发展多种形式的规模经营。2013 年《中共中央关于全面深化改革若干重大问题决定》提出要加快构建新型农业经营体系等。2014 年的《中共中央国务院关于促进农民增加收入若干政策的意见》提出可以确权确股不确地的设想。2014 年 4 月 23 日，国务院办公厅发文指出要引导加大涉农资金投放，首次提出要“开展涉农资产证券化试点”。2015 年的中央一号文件中指出应该引导和鼓励社会资本投向农村建设，鼓励符合条件的涉农企业发行债券、为新型农业经营主体提供更加完善的金融服务等。2016 年中央一号文件指出，要创新融资机制，加大投入力度，优化产业结构和布局，推进现代农业的发展；2017 年提出要培育多种形式的规模经营，加快农村金融创新；2018 年提出要完善对农业的支持和保护、加快农业保险制度建设、拓宽农业筹资渠道等，这些规定都客观上为我国农村土地证券化的发行创造了条件。

四、本章小结

从理论上看，农村土地证券化能够为农业发展筹集资金，促进农业向规模化、机械化经营方向发展，还有利于缩小城乡收入差距和资源的优化配置。农村土地的流动性差、价值量大，可以产生较稳定的现金流收入，是一种适合证券化的资产，农村的改革也使得农民对土地承包权的财产性质越发清晰，农村土地社会保障功能的弱化等使农村土地证券化成为可能。中国的证券化实践为农村土地证券化提供了经验借鉴，《农业法》、《信托法》、《证券法》等法律法规和中央的相关文件也为农村土地证券化提供了依据。可以说，目前我国已经基本具备了实施农村土地证券化的条件。

第四章

农村土地证券化意愿及影响因素的实证研究

农村土地证券化对我国“三农”问题的解决有着非常重要的意义，现阶段我国也基本具备了推行农村土地证券化的客观条件，此时农户对此的态度就显得格外重要，对农村土地证券化意愿影响因素的研究具有很强的现实意义。农户是农业经济行为的最终实施主体和重要的微观基础，农村制度的创新必须尊重农户的意愿，必须以农户的认知水平和真实想法为基础。中部地区作为我国重要的农产品主产区，农村人口比重大、数量多，农民收入水平普遍偏低，是我国“三农”问题表现最为突出的区域，因此考察中部地区农户农村土地证券化的意愿及其影响因素有着重要意义。现有的农村土地证券化意愿的研究很少，也很少有针对某一特定地区的深入研究。本书首次研究了中部农业大省——湖北省农户的农村土地证券化意愿，将研究地区划分为省会城市、国家级贫困县和调查的其他区域三个类别，将这些因素引入农村土地证券化意愿模型，在问卷调查的基础上，分析了农户家庭特征、农户承包土地特征等因素对农村土地证券化意愿的影响。

一、变量选择与模型构建

（一）变量的选择

农村土地制度的改革和调整要在坚持“三条底线”的同时，把农民利益不受损放在最重要的位置，切实考虑农民的利益诉求，坚持维护农民的合法权益，农村土地证券化也不例外。农村土地证券化的决策权应该是农户，必须尊重广大农户的意愿，否则有可能损害农民的利益甚至影响社会稳定。我国的各个地区经济发展水平、社会文化及微观因素等都存在很大差异，不同年龄、不同教育程度的农户对农村土地证券化的态度也不同。在现有研究的基础上，本书将影响农户农村土地证券化意愿的主要因素归纳为以下四类：

1. 农户家庭基本特征，包括家庭人数、男性人数、在读学生人数、户均年龄和高中以上学历人数等

家庭人口数量对土地证券化意愿有两方面的影响：一方面，家庭人数多，生活支出、子女教育、健康医疗、婚丧嫁娶的开支都会相应增多，有更强烈的资金需求，因而更倾向于参加土地证券化；另一方面，人口数量多意味着劳动力丰富、有更多的收入，对资金的需求相对没那么迫切，因此土地证券化融资的意愿减弱。本书认为人口多的收入增加作用更为明显。目前在我国农

村，男性通常比女性承担着更大的家庭压力，也比女性更富有冒险精神，尤其是年轻男性的致富欲望更为强烈，男性的数量对家庭的收入和劳动效率有很大的影响。而女性的就业能力通常较男性弱，思想也趋于保守，因此农户家庭男性数量也会影响农村土地证券化的意愿。在读学生人数多通常意味着家庭的供养负担重，对资金的需求也更加迫切，因而更希望通过土地证券化融资。

年龄对农户行为的影响存在生命周期的特点，不同年龄阶段的农民人生经历、从事农业生产的能力等都有较大的差异，在思想观念、对土地的感情方面也有很大的不同。年轻农民接受新事物的能力更强，而随着年龄的增长，会变得越来越趋于规避风险。有研究显示，通常户均年龄较大的农户家庭，经营土地的能力更强，对土地的感情也更深，因而更依赖于土地，有着浓厚的“守土为安”的思想，会因为担心失去土地而持观望态度。而户均年龄较小的家庭文化程度相对较高，思想更加开放，也更容易接受证券化。此外，外出务工机会与年龄也有很大关系：45 岁以下农民的就业机会要远远高于 45 岁以上的农民，因而对 45 岁以上的农民来说，土地的就业保障效用更为明显，也就不愿轻易失去土地的经营权。

农户文化程度的高低可能会有两方面的影响：一方面，文化程度会影响农户对政策和新生事物的理解与接受能力，进而影响农户的决策行为。文化程度较低的农户思想更趋保守，行为也更加谨慎，更愿意保持现状；而文化程度较高的农户的外出务工收入的期望通常较高，有更好的选择时通常会选择收入更高的非农产业，他们的创收意愿较强，对资金的需求也更为强烈。另一方面，文化程度高的农户从土地的经营中获得更高收入的可能性更大，在政策进一步明朗之前，更希望维持目前的状态。本书认为前一种影响更大。

根据以上分析，本书提出假设Ⅰ：农户的家庭人数、户均年龄是农村土地证券化意愿的负向驱动因素，而家庭男性人数、在读学生人数、高中以上学历人数是正向驱动因素。

2. 农户财产和收支情况，包括房屋造价、种植业收入、养殖业收入、经营性收入、务工收入、生活性支出、农业支出等

房屋造价在一定程度上代表着家庭固定财产的数量，固定财产多的家庭受资金的限制较小，不愿意轻易改变目前的生活状态。家庭年收入可以在很大程度上代表农户家庭的经济状况，种植业收入较高的农户家庭对土地的依赖性更强，在土地证券化的决策上更加谨慎。务工或经营性收入高的农户对土地的依赖性相对较弱，选择土地证券化的可能性也较高。生活支出和农业支出较高的农户，有较强的资金需求，也更有可能采取证券化的方法融资。

根据以上分析，本书提出假设Ⅱ：农户的房屋造价、种植业收入对农村土地证券化意愿起负向驱动作用，经营性收入、务工收入、生活性支出和农业支出是正向驱动因素；养殖业收入与农村土地证券化意愿不相关。

3. 农户承包土地耕作条件，包括农户承包土地面积和承包地地形

理论上说，承包土地面积较大的农户通常意味着其需要更多的资金来发展农业，因而更有可能通过证券化获取资金，发展农业的适度规模经营。本书将承包地地形分为平原、丘陵、山地三种，平原地区的地形更适合农业耕作，但平原地区户均耕地规模一般比丘陵和山地地区小，因此受资金的约束更小一些。而且平

原地区的耕作条件通常相对较好，访谈中发现农户更多采用子女外出务工而父母在家务农的方式，因此感觉没有证券化的必要。而丘陵和山地地区的耕作条件相对较差，耕地也更加分散，很多地方采用农业机械的难度较高；这些地区的年轻人更希望走出去，希望到条件更好的城市生活，不愿意回家务农，年长的农户又无力顾及农业生产，因此希望将土地证券化。

根据以上分析，本书提出假设Ⅲ：承包土地面积与农村土地证券化的参与意愿呈正相关关系，山地和丘陵地区农户的农村土地证券化意愿高于平原地区。

4. 区域因素的影响

我国地域辽阔，各个地区之间的环境、风俗习惯、文化传统、经济发展水平等方面存在较大差异，农户的认知能力有差异，对土地和资金借贷的态度也有较大不同。就湖北省而言，武汉市作为中部地区的中心城市，非农业就业机会高，经济发展水平远高于省内的其他地区，农民的市场意识较强。另外，与省内其他地区相比，武汉市农民更容易在本地实现非农就业，务工的机会成本小，通常可以兼顾农业生产。而国家级的贫困县发展水平普遍较为落后，人均收入低，信息获取的难度大，非农业就业机会少，农民外出务工要付出更多的成本。而且贫困地区的年轻人有着强烈的改变现状的愿望，不希望继续留在偏僻落后的农村，因而武汉市、国家级贫困县和调查的其他区域的农民土地证券化态度会有较大差别。

根据以上分析，本书提出假设Ⅳ：贫困地区和一般地区的农村土地证券化意愿高于省会城市。

根据以上分析，不同影响因素的预期作用方向如表 4 - 1 所示。

表 4-1　变量说明与预期影响

解释变量	变量名称	回归系数预期方向
农户家庭基本特征	家庭人数	-
	男性人数	+
	在读学生人数	+
	户均年龄（岁）	-
	文化程度	+
农户财产和收支情况	房屋造价	-
	种植业收入	-
	养殖业收入	
	经营性收入	+
	务工收入	+
	生活性支出	+
	农业支出	+
农村承包土地耕作条件	承包土地面积	+
	承包地地形	

（二）模型的构建

1. Logit 模型

Logit 回归分析是一种被广泛采用的处理定性变量的统计分析方法。本书把农户农村土地证券化的意愿设为二值被解释变量 y，y=1 表示农户愿意将农村土地证券化，y=0 表示不愿意。如果农户选择农村土地证券化的概率为：

$$p_i = \frac{1}{1 + e^{-(\beta_0 + \sum_{i=1}^{k} \beta_i x_i)}} = \frac{e^{(\beta_0 + \sum_{i=1}^{k} \beta_i x_i)}}{1 + e^{(\beta_0 + \sum_{i=1}^{k} \beta_i x_i)}} \tag{4.1}$$

式中：p_i 为农户选择农村土地证券化的概率；x_i 为模型的解释变量，即影响农户农村土地证券化意愿的各类变量；β_i 为影响系数。

则选择不证券化的概率为：

$$1 - p_i = 1 - \frac{e^{(\beta_0 + \sum_{i=1}^{k}\beta_i x_i)}}{1 + e^{(\beta_0 + \sum_{i=1}^{k}\beta_i x_i)}} = \frac{1}{1 + e^{(\beta_0 + \sum_{i=1}^{k}\beta_i x_i)}} \tag{4.2}$$

由此可得：

$$\frac{p_i}{1 - p_i} = \frac{1 + e^{(\beta_0 + \sum_{i=1}^{k}\beta_i x_i)}}{1 + e^{-(\beta_0 + \sum_{i=1}^{k}\beta_i x_i)}} = e^{(\beta_0 + \sum_{i=1}^{k}\beta_i x_i)} \tag{4.3}$$

式（4.3）左侧$\frac{p_i}{1-p_i}$表示农户愿意和不愿意实施农村土地证券化的比率，也叫机会比率。对式（4.3）两侧取对数可得：

$$L_i = \ln\left(\frac{p_i}{1 - p_i}\right) = \beta_0 + \sum_{i=1}^{k}\beta_i x_i \tag{4.4}$$

为了研究的目的，将式（4.4）改写为计量模型如下：

$$L_i = \ln\left(\frac{p_i}{1 - p_i}\right) = \beta_0 + \sum_{i=1}^{k}\beta_i x_i + \varepsilon_i \tag{4.5}$$

式中：ε_i 为随机误差项；β_i 表示待估参数；i 表示观测样本。

2. Probit 模型

Probit 模型也是用得较多的处理定性变量的统计分析方法，它假设事件的发生概率服从累计正态分布函数，其计算公式为：

$$P(y_i = 1) = \Phi(\beta_0 + \beta_i X_i) = \int_{-\infty}^{\beta_0 + \beta_i x_i} \frac{1}{\sqrt{2\pi}} \exp\left(\frac{-s_i^2}{2}\right) ds \tag{4.6}$$

式中：Y 为二元被解释变量，表示农户是否愿意实施农村土地证券化（是 =1，否 =0）；Φ（$\beta_0 + \beta_i x_i$）表示标准正态分布函数小于 $\beta_0 + \beta_i x_i$ 的概率；β_i 表示待估参数；x_i 为农户土地证券化意愿的影响因素。

二、数据来源与描述性统计

（一）调查区的基本情况

湖北省位于我国的中南部，长江中游，地处洞庭湖之北，东与安徽省接壤，西靠重庆市，南与湖南交界，北与河南省毗邻，东南、西北分别与江西、陕西相连。湖北省面积 18.95 万平方公里，地貌类型多样，东、西、北三面环山，山地面积占湖北省总面积的 55.5%；丘陵和岗地占总面积的 24.5% 左右，中南部为江汉平原，平原湖区约占全省总面积的 20%。湖北省是农业大省，主要农产品产量在全国处于前列，是我国重要的粮、棉、油生产基地。2017 年地区生产总值 35478.09 亿元，全省粮食种植面积 447.17 万公顷，比 2016 年增加 3.49 万公顷。2017 年底，湖北省常住人口 5902 万人，人均可支配收入 23757 元，同比增长 9.0%；城镇常住人口人均可支配收入 31889 元，同比增长 8.5%；农村常住人口人均可支配收入 13812 元，在全国排名第 9，同比增长 8.54%。如表 4－2 所示。

根据湖北省第二次土地调查数据显示，截止到 2009 年底，湖北省耕地数量 532.3 万公顷（7984.5 万亩），人均耕地 1.3 亩，低于全国人均水平（1.52 亩），且耕地后备资源严重不足。

表 4-2 2017 年全国农村居民人均可支配收入情况

地区	总额（元）	总额排名	增长（%）	地区	总额（元）	总额排名	增长（%）
全国	13432.43		8.65	安徽	12758.22	16	8.85
上海	27825.04	1	9.03	河南	12719.18	17	8.74
浙江	24955.77	2	9.14	黑龙江	12664.82	18	7.04
北京	24240.49	3	8.66	重庆	12637.91	19	9.43
天津	21753.68	4	8.36	内蒙古	12584.29	20	8.40
江苏	19158.03	5	8.82	四川	12226.92	21	9.14
福建	16334.79	6	8.90	广西	11325.46	22	9.32
广东	15779.74	7	8.73	新疆	11045.3	23	8.47
山东	15117.54	8	8.34	山西	10787.51	24	6.99
湖北	13812.09	9	8.54	宁夏	10737.89	25	9.00
辽宁	13746.80	10	6.72	西藏	10330.21	26	13.60
江西	13241.82	11	9.10	陕西	10264.51	27	9.24
吉林	12950.44	12	6.82	云南	9862.17	28	9.34
湖南	12935.78	13	8.43	青海	9462.30	29	9.21
海南	12901.76	14	8.94	贵州	8869.10	30	9.63
河北	12880.94	15	8.06	甘肃	8076.06	31	8.30

资料来源：根据统计年鉴整理，http：//data. stats. gov. cn/easyquery. htm？cn = E0103.

全省有 281.2 万公顷的耕地坡度≤2°，约占全省耕地总面积的 52.8%；99.77 万公顷的耕地坡度为 2°～6°，约占 18.7%；73.32 万公顷的耕地坡度为 6°～15°，约占 13.77%；47.25 万公顷坡度为 15°～25°，约占 8.88%；坡度＞25°的耕地有 30.76 万公顷，约占 5.78%，主要分布在鄂西北和鄂西南。在全省耕地中，有 322.39 万公顷耕地有灌溉设施，约占耕地总面积的 60.57%，其中鄂中所占面积最大，其次为鄂东北和鄂东南。在现有耕地中，有 50.73 万公顷按政策需要还林、还草、还湿和休养生息。此外还有城市建设占用耕地、灾毁流失耕地、水土污染、开矿塌陷不宜耕种的耕地等。而按《湖北省统计年鉴》的数据显示，2017 年末湖北省年末实有耕地 523.59 万公顷（7853.85 万亩），人均耕地仅 1.28 亩，耕地保护工作十分艰巨。

（二）描述性统计

本书所用的基础数据由笔者及同事与学生于 2015 年 6 ~ 7 月在湖北省部分地区采用随机抽样的方式实地调研取得。此次调查涉及省会城市武汉市的蔡甸、黄陂 2 个区及恩施州的鹤峰县、宣恩县等共 16 个县（市、区）的 60 个行政村，共发放问卷 1000 份，回收有效问卷 871 份，问卷有效率为 87.1%。具体如表 4 - 3 所示。

表 4 - 3　调研市县、乡镇、村分布情况　　单位：个

市（州）	调研县（市、区）	调研村庄数目
武汉市	黄陂区、蔡甸区	8
黄石市	大冶市、阳新县	8
宜昌市	枝江市、长阳县	8
襄阳市	枣阳市、谷城县	8
鄂州市	鄂城区、梁子湖区	4
黄冈市	浠水县、麻城市	8
恩施州	鹤峰县、宣恩县	8
荆州市	松滋市、公安县	8

在已有研究的基础上，结合前文的分析，本次问卷主要涉及的问题包括：农户家庭的基本情况、农户家庭财产收支情况、承包地的耕作条件及对农村土地证券化的态度等方面的内容。农户的基本情况主要包括农户的家庭人数、家庭男性人数、在读学生

人数、户均年龄、家庭高中以上学历人数等；农户财产和收支情况主要有房屋造价、种植业收入、养殖业收入、经营性收入、务工收入、生活性支出和农业支出等；农户承包土地耕作条件包括承包土地面积、平均单块土地面积等；以及土地流转意愿、承包地入股意愿、承包地经营权流转意愿和农村土地使用权长期融资意愿等。因为农地证券化的前提是农地的规模经营，而目前实现农地规模经营的方式主要有承包土地入股成立股份合作组织、将土地流转给种粮大户或农业企业经营、流入土地自己经营更多土地三种，因此本书认为只有这三者选择其一，且愿意以农村土地使用权作抵押进行长期融资、土地证券化意愿为“是”时，才认为该农户愿意实行农村土地证券化。在采访的871户农户中，愿意进行农村土地证券化的有337户，占总数的38.7%；不愿意的有534户，占61.3%，详细的样本描述如下：

1. 农户家庭基本特征

样本农户家庭人数最多的为8人，最少的为2人，其中有12户家庭人数为2人，约占被调查农户总数的1.4%；家庭人数为3人的有299户，约占34.3%；4人的有323户，约占37.1%；5人的有170户，约占19.5%；6人的有59户，约占6.8%；7人的有7户，约占0.8%；仅有1户家庭人数为8人，约占0.1%。具体如图4-1所示。

家庭男性人数最少的为0人，最多的为5人，其中男性人数为0的有4户，约占被调查农户总数的0.5%；男性人数为1人的有299户，约占34.3%；2人的有476户，约占54.6%；3人的有82户，约占9.4%；4人的有7户，约占0.8%；5人的有3户，约占0.3%。具体如图4-2所示。

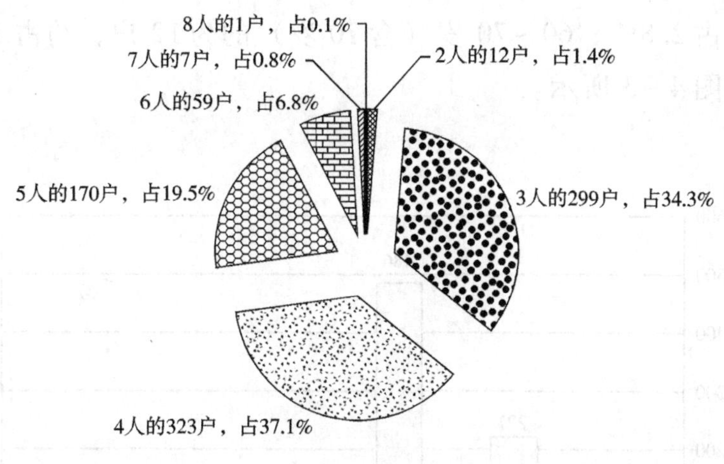

图4-1　调查农户家庭人数

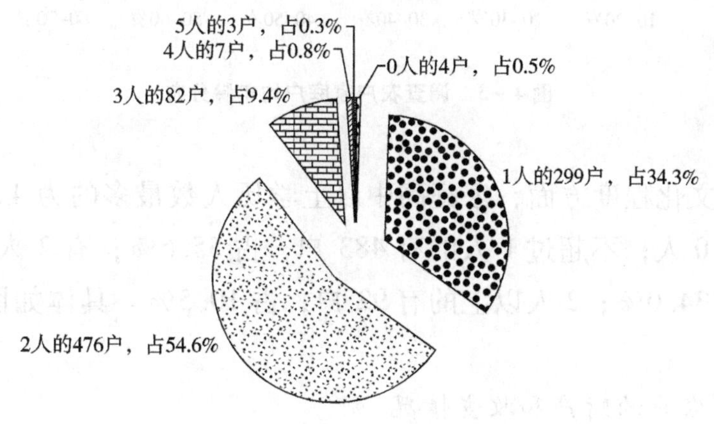

图4-2　调查农户家庭男性人数

在户均年龄方面，最小的17岁，最大的70岁，其中平均年龄在10~20岁（含20岁）的有3户，约占被调查农户总数的0.3%；20~30岁（含30岁）的有221户，约占25.4%；30~40岁（含40岁）的有486户，约占55.8%；40~50岁（含50岁）的有125户，约占14.4%；50~60岁（含60岁）的有24

户，约占2.8%；60～70岁（含70岁）的为12户，约占1.4%。具体如图4－3所示。

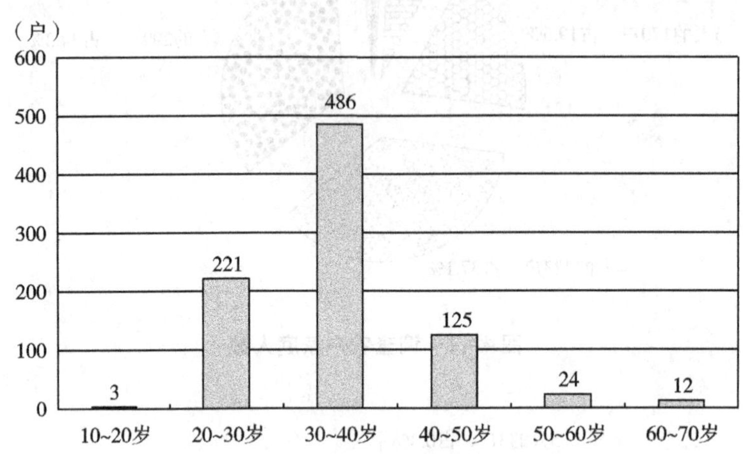

图4－3　调查农户家庭户均年龄分布

在文化程度方面，家庭高中以上学历人数最多的为4人，最少的为0人；不超过1人的有483户，占55.5%；有2人的296户，占34.0%；2人以上的有92户，占10.5%。具体如图4－4所示。

2. 农户的财产和收支情况

大部分农户的房屋造价在5万～12万元，最低的为0.6万元，最高的为70万元。整体而言，房屋造价不高于5万元的农户有217户，占24.9%；造价介于5万～9万元（包括9万元）的有204户，占23.4%；介于9万～12万元的（包括12万元）有244户，占28.0%；房屋造价超过12万元的有206户，占23.5%。具体如图4－5所示。

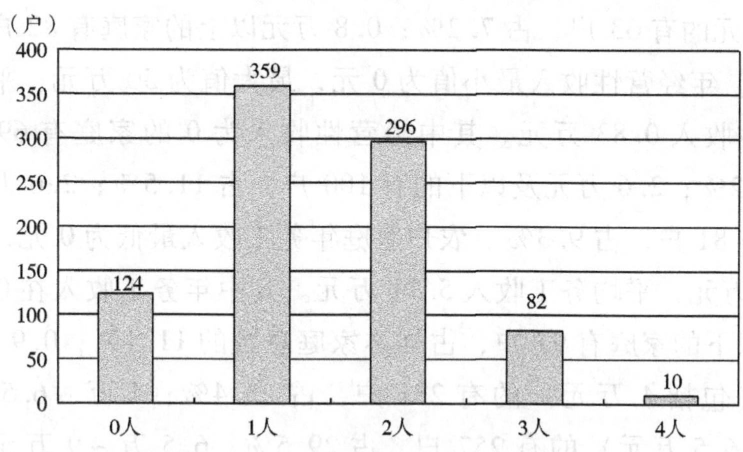

图 4－4　调查农户家庭高中学历人数

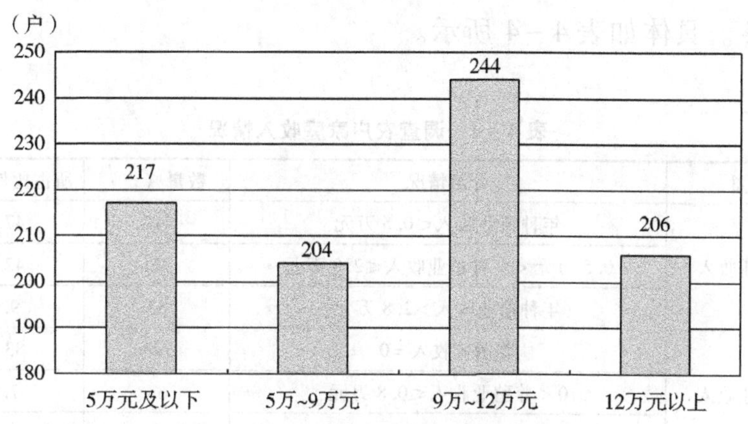

图 4－5　调查农户家庭房屋造价分布

在收入方面，样本农户年种植业收入最低为 0 元，最高为 25 万元，平均种植业收入 1.13 万元。其中年种植业收入低于 0.5 万元（包括 0.5 万元）的家庭有 417 户，占样本家庭总数的 47.9%；高于 0.5 万元且低于 2.8 万元（包括 2.8 万元）的有 371 户，占 42.6%；2.8 万元以上的有 83 户，占 9.5%。年养殖业收入最低为 0 元，最高为 10 万元，平均养殖业收入 0.21 万元。其中养殖业收入为 0 的农户有 726 户，占 83.4%；不高于

0.8 万元的有 63 户，占 7.2%；0.8 万元以上的家庭有 82 户，占 9.4%。年经营性收入最小值为 0 元，最大值为 50 万元，平均年经营性收入 0.83 万元。其中经营性收入为 0 的家庭有 690 户，占 79.2%；2.6 万元及以下的有 100 户，占 11.5%；2.6 万元以上的有 81 户，占 9.3%。农户家庭年务工收入最低为 0 元，最高为 25 万元，平均务工收入 5.71 万元。其中年务工收入在 0.9 万元及以下的家庭有 97 户，占样本家庭总数的 11.1%；0.9 万 ~4 万元（包括 4 万元）的有 221 户，占 25.4%；4 万 ~6.5 万元（包括6.5 万元）的有 257 户，占 29.5%；6.5 万 ~9 万元（包括 9 万元）的有 170 户，占 19.5%；9 万元以上的有 126 户，占 14.5%。具体如表 4 -4 所示。

表 4 -4　调查农户家庭收入情况

变量	分组情况	数量（户）	所占比例（%）
种植业收入	年种植业收入≤0.5 万元	417	47.9
	0.5 万元 < 年种植业收入≤2.8 万元	371	42.6
	年种植业收入 > 2.8 万元	83	9.5
养殖业收入	养殖业收入 = 0	726	83.4
	0 < 养殖业收入≤0.8 万元	63	7.2
	养殖业收入 > 0.8 万元	82	9.4
经营性收入	经营性收入 = 0	690	79.2
	0 < 经营性收入≤2.6 万元	100	11.5
	经营性收入 > 2.6 万元	81	9.3
务工收入	务工收入≤0.9 万元	97	11.1
	0.9 万元 < 务工收入≤4 万元	221	25.4
	4 万元 < 务工收入≤6.5 万元	257	29.5
	6.5 万元 < 务工收入≤9 万元	170	19.5
	务工收入 > 9 万元	126	14.5

在支出方面，农户年农业支出最低0元，最高12万元，平均值0.42万元。其中农业支出为0.1万元及以下的有308户，占样本农户的35.4%；0.1万～0.3万元（包括0.3万元）的有289户，占33.2%；0.3万～1万元（包括1万元）的有220户，占25.3%；高于1万元的有54户，占6.2%。生活支出最低0.1万元，最高12万元，平均值2.32万元。其中生活支出不超过1万元的有208户，占样本农户的23.9%；1万～2.8万元的有369户，占42.4%；2.8万元以上的有294户，占33.7%。具体如表4-5所示。

表4-5　调查农户家庭支出情况

变量	分组情况	数量（户）	所占比例（%）
农业支出	农业支出≤0.1万元	308	35.4
	0.1万元<农业支出≤0.3万元	289	33.2
	0.3万元<农业支出≤1万元	220	25.3
	农业支出>1万元	54	6.2
生活支出	生活性支出≤1万元	208	23.9
	1万元<生活性支出≤2.8万元	369	42.4
	生活性支出>2.8万元	294	33.7

3. 农户承包土地耕作条件

在样本农户中，承包土地面积最大的92亩，最小的0亩，平均值为5.18亩。其中土地面积在1亩及以下的有137户，占15.7%；1～3亩（含3亩）的有283户，占32.5%；3～9亩（含9亩）的有610户，占37.5%；9亩以上的有124户，占14.2%。具体如图4-6所示。

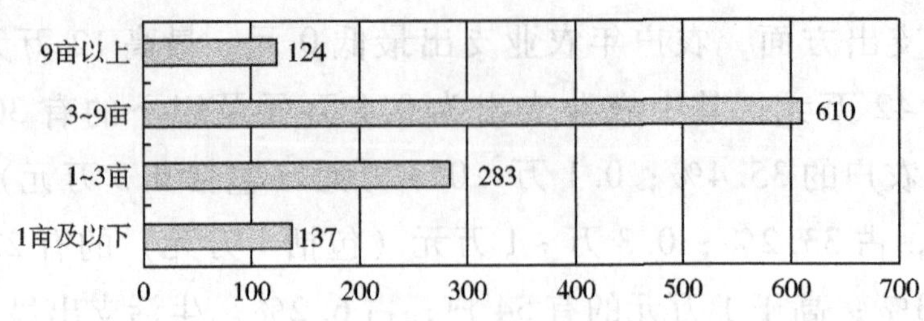

图4-6　调查农户家庭承包土地面积分布

在地形方面，承包土地为平原的有388户，占44.5%；为丘陵的有395户，占45.4%；为山地的有88户，占10.1%。在区域方面，样本农户中位于武汉市的农户有117户，占样本农户总数的13.4%；位于贫困地区的有186户，占21.4%；位于调查的其他地区的有568户，占65.2%。具体如表4-6所示。

表4-6　调查农户承包土地地形及区域分布

	地形			区域		
	平原	丘陵	山地	省会城市	国家级贫困县	调查的其他地区
数量（户）	388	395	88	117	186	568
占比（%）	44.5	45.4	10.1	13.4	21.4	65.2

各变量统计值如表4-7所示。

表4-7　模型变量统计值

解释变量	变量名称	最小值	最大值	平均值	标准差
农户家庭基本特征	家庭人数（人）	2	8	3.99	0.98
	男性人数（人）	0	5	1.77	0.68
	在读学生人数（人）	0	3	1.01	0.55
	户均年龄（岁）	17	70	35.65	7.51
	高中以上学历人数（人）	0	4	1.43	0.88

续表

解释变量	变量名称	最小值	最大值	平均值	标准差
农户财产和收支情况（万元）	房屋造价	0.6	70	10.26	7.61
	种植业收入	0	25	1.13	1.98
	养殖业收入	0	10	0.21	0.75
	经营性收入	0	50	0.83	3.12
	务工收入	0	25	5.71	3.74
	生活性支出	0.1	12	2.31	1.46
	农业支出	0	12	0.42	0.81
农村承包土地耕作条件(亩)	承包土地面积	0	92	5.18	7.64

将农户财产和收支情况中的各变量分组，变量取值分别为各组上下限的均值，开口组则取其下限，并将地形和地区变量设为虚拟变量，各变量的具体赋值情况如表4－8所示。

表4－8　变量赋值情况

解释变量	变量名称	变量定义与说明
农户家庭基本特征	家庭人数（人）	实际家庭人数
	家庭男性人数（人）	实际家庭男性人数
	在读学生人数（人）	实际家庭在读学生人数
	户均年龄（岁）	农户家庭实际平均年龄
	高中以上学历人数(人)	实际高中以上学历人数
农户财产和收支情况	房屋造价（元）	2.5：0<房屋造价≤5万
		7：5万<房屋造价≤9万
		10.5：9万<房屋造价≤12万
		12：房屋造价>12万
	种植业收入（元）	0.25：年种植业收入≤0.5万
		1.65：0.5万<年种植业收入≤2.8万
		2.8：年种植业收入>2.8万

续表

解释变量	变量名称	变量定义与说明
农户财产和收支情况	养殖业收入（元）	0：养殖业收入 =0
		0.4：0 < 养殖业收入 ≤0.8 万
		0.8：养殖业收入 >0.8 万
	经营性收入（元）	0：经营性收入 =0
		1.3：0 < 经营性收入 ≤2.6 万
		2.6：经营性收入 >2.6 万
	务工收入（元）	0.45：0 < 务工收入 ≤0.9 万
		2.45：0.9 万 < 务工收入 ≤4 万
		5.25：4 万 < 务工收入 ≤6.5 万
		7.75：6.5 万 < 务工收入 ≤9 万
		9：务工收入 >9 万
	生活性支出（元）	0.5：0 < 生活性支出 ≤1 万
		1.9：1 万 < 生活性支出 ≤2.8 万
		2.8：生活性支出 >2.8 万
	农业支出（元）	0.05：0 < 农业支出 ≤0.1 万
		0.2：0.1 万 < 农业支出 ≤0.3 万
		0.65：0.3 万 < 农业支出 ≤1 万
		1：农业支出 >1 万
农村承包土地耕作条件	承包土地面积（亩）	农户家庭承包土地面积实际值
	地形	$D_{1i}=1$，若地形为丘陵；$D_{1i}=0$，其他地形
		$D_{2i}=1$，若地形为山地，$D_{2i}=0$，其他地形
区域因素	地区	$D_{3i}=1$，若调查者在调查的其他地区 $D_{3i}=0$，若调查者在省会城市或国家级贫困县
		$D_{4i}=1$，若调查者在国家级贫困县 $D_{4i}=0$，若调查者在省会城市或调查的其他地区

三、本章研究结论

本书采用 Eviews 6.0 软件对样本调查数据分别进行 Logit 回归和 Probit 回归处理，回归结果如表 4-9 和表 4-10 所示。

表 4-9 农户农村土地证券化影响因素的 Logit 分析

属性	变量	系数	Z 统计量值	P 值
常数项		-2.731900	-3.714331	0.0002
农户家庭基本特征	家庭人数	0.063208	0.543357	0.5869
	男性人数	0.744126***	4.502402	0.0000
	在读学生人数	0.328585*	1.818159	0.0690
	户均年龄	-0.047560***	-3.577730	0.0003
	高中以上学历人数	0.225437**	2.163284	0.0305
农户财产和收支情况	房屋造价	-0.150096***	-5.512100	0.0000
	种植业收入	0.810296***	5.176729	0.0000
	养殖业收入	-0.227134	-0.614611	0.5388
	经营性收入	0.271895**	2.416228	0.0157
	务工收入	-0.156314***	-4.184750	0.0000
	生活性支出	0.556037***	4.869714	0.0000
	农业支出	0.471173	1.042297	0.2973
农村承包土地耕作条件	承包土地面积	0.100519***	3.339902	0.0008
	D_{1i}	0.765185***	3.530093	0.0004
	D_{2i}	1.538699***	4.637648	0.0000
区域因素	D_{3i}	0.394550	1.067515	0.2857
	D_{4i}	0.731376*	1.822040	0.0684

续表

模型整体检验统计量			
McFadden R - squared	0.347020	Mean dependent var	0.386912
S.D. dependent var	0.487323	Sum squared resid	124.0153
总观测样本	871		

注：*、**、***分别表示在10%、5%、1%的水平统计显著。

表4-10　农户农村土地证券化影响因素的Probit分析

属性	变量	系数	Z统计量值	P值
常数项		-1.605224	-3.783360	0.0002
农户家庭基本特征	家庭人数	0.026720	0.398826	0.6900
	男性人数	0.439363***	4.642217	0.0000
	在读学生人数	0.202248*	1.946212	0.0516
	户均年龄	-0.027720***	-3.577803	0.0003
	高中以上学历人数	0.135033**	2.226984	0.0259
农户财产和收支情况	房屋造价	-0.087822***	-5.564561	0.0000
	种植业收入	0.462629***	5.139663	0.0000
	养殖业收入	-0.113370	-0.531655	0.5950
	经营性收入	0.165250**	2.521483	0.0117
	务工收入	-0.088279***	-4.080670	0.0000
	生活性支出	0.323560***	4.963627	0.0000
	农业支出	0.302374**	1.129386	0.2587
农村承包土地耕作条件	承包土地面积	0.059562***	3.468992	0.0005
	D_{1i}	0.445229***	3.570945	0.0004
	D_{2i}	0.899511***	4.628145	0.0000
区域因素	D_{3i}	0.231314	1.129168	0.2588
	D_{4i}	0.462734**	2.079585	0.0376
模型整体检验统计量				
McFadden R - squared	0.348594	Mean dependent var	0.386912	
S.D. dependent var	0.487323	Sum squared resid	124.0948	
总观测样本	871			

注：*、**、***分别表示在10%、5%、1%的水平统计显著。

从模型的计量结果看，模型整体通过了显著性检验，与理论预期基本一致。且二者的计量结果基本一致，湖北省农户农村土地证券化意愿的主要影响因素包括：

（1）从农户家庭基本特征来看，家庭男性人数、在读学生人数、户均年龄和高中以上学历人数对农村土地证券化意愿影响显著，农户家庭人口数量则无显著影响。从回归结果来看，在读学生人数、高中以上学历人数和家庭男性人数变量的系数为正，且分别在10%、5%和1%的统计检验水平显著；户均年龄变量的系数为负，且通过了1%的显著性检验，与假设Ⅰ一致，说明在其他变量一定的条件下，农户家庭在读学生人数、高中以上学历人数或男性人数越多，户均年龄越小，农村土地证券化的意愿越强，说明学生人数、男性人数多的家庭供养压力或购房、建房的压力更大，对资金的需求也更为强烈，希望通过土地证券化筹集所需资金。高中以上学历人数多的农户家庭的文化程度相对较高，对新的事物理解力和接受力也更强，因而更有可能赞成农村土地证券化。而年长的农户就业机会、期望收入及对新事物的接受能力通常低于年轻的农户，有更强烈的规避风险的愿望，“恋土情节”更为明显，因此户均年龄大的家庭对农村土地证券化的态度更为慎重。农户家庭人口数量未通过显著性检验，与假设Ⅰ不符，说明家庭人口数量增多导致收入增加的作用并没有显著超过需求增加的作用。

（2）从农户财产和收支情况来看，房屋造价、种植业收入、经营性收入、务工收入和生活性支出在Logit回归和Probit回归中都通过了显著性检验。从回归结果看，房屋造价在1%的显著性水平通过了检验，且系数为负；经营性收入系数为正，在Logit模型和Probit模型中都通过了5%的显著性水平检验，养殖业收入没有通过显著性检验，与假设Ⅱ一致。这说明房屋造价高的农户通常对资金的需求没那么迫切，同时决策也更加谨慎，不希望轻易改变目前的生活状态。经营性收入较高的农户对土地的依赖性相对较弱，也无意认真从事农业生产；且他们更容易面临资金积压的问题，希望通过证券化的方式获得部分资金。种植业收入、务工收入都通过了1%的显著性检验，且种植业收入系数为正，务工收入系数为负，与假设Ⅱ相反。这可能是因为种植业收入较高的农户农业生产水平较高，希望能够通过证券化的方式融资，流转更多的土地实现规模经营增加自身收入。而务工收入较高的农户对土地的依赖性较弱，且很少面临资金积压的问题；他们在大城市务工却难以获得城市户口，对大城市缺乏归属感，在年老时会再回到农村养老，土地对他们有着更强的失业保障和养老保障的意义，因此不愿轻易将承包土地证券化。生活性支出通过了1%的显著性检验且系数为正，说明生活性支出较高的农户家庭对资金的需求也较迫切，希望通过农地证券化的方法获得资金。农业支出没有通过显著性检验，这可能是因为与支出相比，农户更重视农业经营所带来的收益。

（3）从农户承包土地耕作条件来看，承包土地面积与地形虚拟变量的系数都为正，都通过了1%水平的显著性检验，与假设Ⅲ的预期一致。这说明随着承包土地面积的增加，农户所需的农业投入资金增加，希望通过证券化筹集资金，发展农业适度规模经营，或是土地入股参加农业股份合作组织获得更高收益。与平原相比，丘陵和山地地区的耕作条件通常较差，耕地更加分散，采用现代化的农业机械进行耕作的条件弱于平原地区，年长的农户无力从事农业生产，年轻的农户又希望到城市享受更加便利的生活，因此这些地区土地证券化的诉求更为强烈。

（4）从区域因素来看，代表国家级贫困县的虚拟变量的回归系数为正，且在Logit回归和Probit回归中分别通过了10%和5%的显著性检验，说明国家级贫困县的证券化意愿高于省会城市，与假设Ⅳ一致；而代表调查的其他地区的虚拟变量的系数未通过显著性检验，与假设Ⅳ不符。这是由于国家级贫困县一般处于较为偏远的地区，年轻的农户外出从事非农产业的需求更加强烈，年长的农户只能进行简单的农业再生产，农业收入有限，因此也更愿意支持农村土地证券化。而随着经济的发展，调查的其他区域的就业机会增加，这些地区的农民实现非农就业变得较为容易，因此农地证券化意愿与省会城市没有显著差别。

四、本章小结

本章在问卷调查的基础上，分析了农户家庭基本特征、农户财产收支情况、承包土地耕作条件及区域环境四类因素对湖北省农户农村土地证券化意愿的影响。研究结果表明，农户家庭人口数量、养殖业收入和农业支出无显著影响。农户家庭的男性人数、在读学生人数、高中以上学历人数越多，种植业收入、经营性收入和生活性支出越高，土地面积越大，农村土地证券化的诉求越强烈；户均年龄越大、房屋造价和务工收入越高，农村土地证券化的诉求越弱。山地和丘陵地区农户的证券化意愿高于平原地区，国家级贫困县农户的证券化意愿高于省会城市和其他地区。这说明，我国不同地区的自然环境、经济发展水平及文化传统等有着较大差异，农村土地证券化的意愿及影响因素也有较大不同。

第五章

发达国家和地区的农村土地证券化实践及启示

农村土地证券化最先产生于欧洲，后扩展到其他国家和地区，为发达国家的农业发展做出过重要贡献。经过近两个半世纪的发展，西方国家已经形成了相对比较完善的农村土地证券化制度。而在亚洲，日本也形成了比较适合当地的农村土地证券化制度和运营环境，有学者认为战后日本资本主义的起死回生是建立在农村土地改革基础上的。

一、美国的实践

（一）实施背景

美国是世界上资产证券化市场最发达的国家，证券化的资产已经遍及美国的方方面面，包括汽车贷款应收款、消费品分期付款、租金等各个领域，已经发展成为美国最重要的融资方式之一。美国的农村土地证券化晚于欧洲，是在借鉴欧洲尤其是德国经验的基础上发展起来的，主要是为了解决大农业发展初期的资金问题，20 世纪初期发展到一定规模，现在已经形成了较为完善的农村土地证券化制度设计。

1862 年美国总统林肯签署的《宅地法》是美国土地法令的一个重要转折，《宅地法》规定，只要是支持、拥护联邦政府的成年美国公民，交纳 10 美元登记费就能在西部获得 160 英亩（约 64 公顷）土地，连续经营 5 年后即可合法获得土地执照拥有该块土地的所有权。《宅地法》的颁布在一定程度上满足了普通农民获得的土地愿望，确立了小农土地所有制，此时兴起了数量众多的家庭农场，推动了美国西部的开发。但资本主义大农业的发展需要大量的资金和先进的农业技术，而当时的农民根本不具备这样的经济实力，限制了农业的进一步发展。到 20 世纪初期，频繁爆发的农业经济危机使美国农业受到很大打击，大量的中小农场倒闭、农产品生产过剩、市场低迷。为了应对农业危机，美国借鉴欧洲土地证券化的经验，于 1916 年颁布了《联邦农村土地放款法》等法案，为农户提供较低利率的生产资金，促进农业生产的恢复和向前发展。该法案把美国划分成 12 个农业信用区并分别成立了联邦土地银行，12 个联邦土地银行下又分别成立了许多由众多农场主出资组建的联邦土地银行合作社，并发行以土地抵押为支持的债券，为农业发展提供长期融资渠道。在此基础上，1925 年联邦土地中央银行在华盛顿成立，其目的是协调各联邦土地银行之间的关系。各联邦土地银行下设土地银行合作社负责土地债券的发行工作，此后又依法由农场主自主组建信用社。

1933年组建了农业信用管理局，下设土地银行部来对联邦土地银行进行统一监管，并制定了《农业信用法》等法案。1934年联邦农业抵押公司成立，1952年又成立了中央土地银行。1960年《不动产信托法案》颁布之后，不动产信托投资基金成立，美国农村土地证券化进入规范发展时期，到现在已经形成了比较成熟的机制。

（二）运行机制

美国联邦土地银行主要负责向家庭农场提供低息贷款，其资金主要有三个来源渠道：一是吸收股金。联邦土地银行最初的股金有889.12万美元来自政府拨款，占股金总额的80%以上；正常营业以后，农场主向土地银行借款时，必须出资借款额的5%作为股金购买土地银行合作社的股权，再由合作社向土地银行购买相应股权，以此来获得会员和借款资格（贾洪文等，2012）。随着合作社的不断发展壮大，政府股金所占份额逐渐减少直至1931年基本完全退出，联邦土地银行已经成为农民自有自营自享的银行。为了减轻1931年发生的经济恐慌和黑风暴的影响，1932年美国政府再次向12个农业信用区的土地银行投资1.25亿美元，15年后这部分投资全部收回，由土地银行合作社的股金替代。二是土地银行为补充股金和公积金而在金融市场发行的土地证券，这也是最主要的筹资方式。按照规定，土地银行可发行的证券最高可以达到所有股金、公积金之和的20倍，12个联邦土地银行互相融通、协同运作，互为担保甚至联合发行证券，土地证券的期限一般为3~10年，年利率通常在5%左右，联邦土地银行的大部分资金都是发行土地证券筹集的。三是提取盈余公积金。联邦土地银行的运营过程中会提取一定的公积金，净收益的其余部分分配给农业贷款合作社作为发展基金和社员分红，以半年为期计算分配。在盈余公积金总额不足土地银行股金的20%前，公积金的留存比例为25%。此外，联邦土地银行还可以在有必要时经农业信用管理局批准后从其他金融机构进行资金拆借。

按照《联邦农村土地抵押法》的规定，美国农场主个体不能参与土地抵押贷款，而是由农场主组成土地银行合作社，由众多合作社组成的联邦土地银行承担发放土地债券的任务，具体流程如下：

10个以上有借款意愿的自有耕地的农民组成合作社，以土地所有权证书为抵押，与借款申请书一起交给合作社，经合作社审核同意后将相关文件递交所在农业信用区的联邦土地银行确认。确认可以借款的成员，由土地银行把款项送到合作社转贷给成员，之后联邦土地银行以成员抵押的土地为支持发行证券。成员不仅要拿出借款额的5%购买土地银行合作社的股权，还要扣除1%的手续费。具体如图5-1所示。

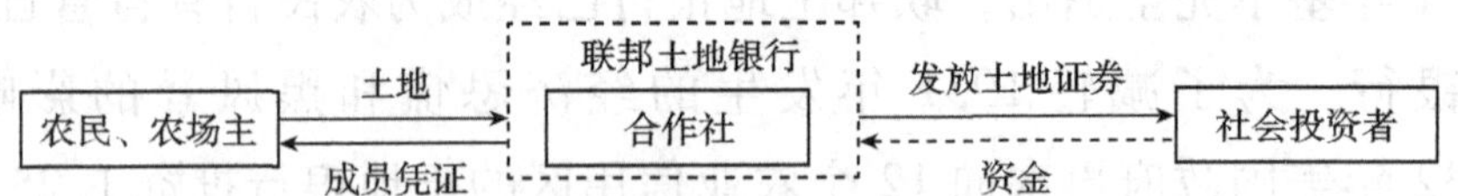

图5-1　美国农村土地证券化运作模式

资料来源：惠献波．农村土地证券化——国际经验借鉴与中国机制设计［J］．南方金融，2014（12）：63-66.

除了有政府机构担保的情况外，通常社员可以按照土地的不同用途获得不超过农村土地价值85%的贷款，还款期限从3~4年到30~40年不等，年利率通常为5%~7%。偿还全部本息后，农场主可以退股，也可以继续保留成员权利。

20世纪60年代以后金融创新步伐加快，美国在农村土地证券市场基础上大力推进不动产投资信托、有限合伙等形式的发展，现在已经形成了比较成熟的土地证券化运作机制，实践中主要采取了不动产投资信托基金的形式，具体又划分为权益型（Equity REIT）、抵押权型（Mortgage REIT）和混合型（Hybrkl REIT）三种类型。权益型REITs通常75%以上的资产要直接投资到不动产，抵押型REITs通常获得抵押贷款债务成为债权人而不是直接投资不动产，混合型REITs则是将两者结合起来。以权益型REIT为例，大致的模式是：委托人把购买的土地所有权信托给受托人并签署信托协议，受托人发行土地信托受益凭证并在市场出售，所得资金用于土地开发，并将该土地出租给委托人组成的公司，受托人收取租金。

（三）配套政策

为了农村土地证券化的顺利实施，美国政府还颁布了一系列的配套政策。如1916年颁布《联邦农业贷款法》后成立了合作性质的联邦土地银行，1933年颁布了《农业信贷法》，并据此建立了联邦中期信用银行和合作社银行，同年制定《紧急农业抵押贷款法案》和《农业信用法》，促进农业金融制度的建设和完善。1934年《联邦农业抵押公司法》、《农业抵押再放款法》等法案通过，联邦农业抵押公司成立，除负责办理政府的农业贷款外，还负责购买土地银行债券调解资金供求。1916～1987年，美国先后颁布了近十个立法法案，对农村土地抵押贷款的用途、额度、利率期限等都有非常详细的具体规定，为土地证券化的进行构建了良好的制度环境，大大降低了金融机构的运营风险，有力地促进了农业的发展。

二、德国的实践

(一) 实施背景

德国是最早进行农村土地证券化的国家，这也使德国农业的生产效率大大提高，在很长一段时间内是欧洲主要农产品出口国之一。1770 年世界首家土地抵押信用合作社（Land Mortgage Credit Union，LMCU）在德国普鲁士的西里西亚省成立。当时的德国饱受战乱之苦，高利贷盛行，很多农民离开土地在外逃亡，甚至不少大地主也背上了沉重的债务负担，德国的农业生产受到很大的冲击。为了规范农村的经济秩序、保护农业生产以及保护贵族、大地主阶层的利益，德国政府向农村注入资金，LMCU 就是在这种背景下由政府强制组成的，这也是德国最早的农业不动产金融机构。此时的 LMCU 主要是在省级政府的主导下以社员的土地为担保发行土地证券，并将在资本市场出售证券所获资金以低息贷款的形式转借给组织成员使用，这种融资模式在一定程度上分散了风险，使社员能够以较低的成本获得资金，对抑制农村高利贷和保护农业实体经济起到了重要作用。但当时的组织成员主要是贵族和地主阶层，因此 LMCU 实际主要是为贵族和大地主提供长期信用服务。19 世纪初德国开始了土地改革并颁布了《合作社法》，通过允许农民购买私有及村社公共土地的方式扶持自耕农发展农业，逐步消除了大地主阶层，LMCU 的主体转变为广大的普通农民，它的经营宗旨也变成为农民提供更加多元化、来源更广泛的资金。如德国政府规定，自1849 年起，拥有土地的价值超过1500 马克的农民都可以加入 LMCU。各 LMCU 还联合起来成立了联合合作银行，进行土地证券的营销、融通资金等操作。此外德国各地还存在着大量的不以盈利为目的的公营土地银行及土地改革银行作为农村土地证券化的中介机构，体现了政府对农业的扶持。

（二）运行机制

农村土地证券化是德国土地抵押贷款机制最显著的一个特征，土地抵押合作社为其基层机构，并成立了土地合作银行及土地改革银行，具体运作模式为：拥有土地所有权的农民按照自愿的原则成为 LMCU 的成员，并将土地抵押给 LMCU。LMCU 以成员抵押的土地为担保发行土地债券，将出售债券所得资金借给成员用于农业生产投资，合作社承担土地债券还本付息的责任。其证券销售有成员—投资者和 LMCU—投资者两种方式。在成员—投资者方式中，证券价格涨跌的风险由成员自身承担，而在 LMCU—投资者方式中，这一风险由 LMCU 承担。想获得资金的成员需持土地所有权证书并提交借款申请书，LMCU 对抵押土地进行估价后综合考虑，审查合格后与成员签订借款合同，合同主要由借款金额、利率、借款期限及用于抵押土地的位置、面积等信息组成。借款金额通常不超过抵押土地价格的 2/3，借款期限通常为 10 ~60 年，利率视市场利率而定，一般为 4% ~5%，主要采用分期还本付息的方式偿还，并采取了逐年增加还款额的阶梯化还款的方式，在一定程度上激励成员积极还贷，以减少 LMCU 的资金回收期限。LMCU 成员还清借款后便可收回抵押土地，可以自愿选择退出 LMCU 或是保留 LMCU 成员身份。社员偿付的利息由 LMCU 转付给投资者，本金则可用于贷款或是在金融市场回购部分证券。LMCU 还设有附属银行在各个合作社之间融通资金的功能，这一安排扩大了土地证券的流通范围，促进了 LMCU 的发展。具体如图 5-2 所示。

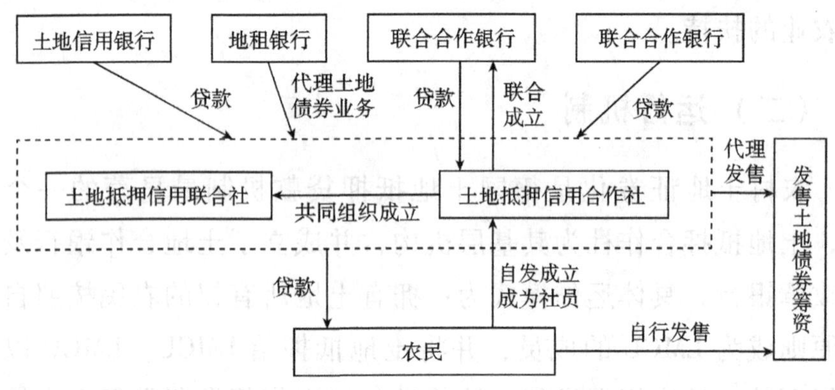

图 5-2　德国农村土地证券化流程

资料来源：罗剑朝，庸晖等．农地抵押融资运行模式国际比较及其启示［J］．中国农村经济，2015（3）：84-96.

由图 5-2 可以看到，这种方式是以社员联合起来的土地而不是某一地块为担保发行的债券，因而流通的范围扩大了；LMCU 发行土地债券的机制设计避免了借款者与债券持有者的直接冲突。

（三）配套政策

为了增强土地抵押权的安全性，进一步明确财产公示制度，德国在 LMCU 成立之前颁布了一系列法律法规。普鲁士于 1722

年颁布了《抵押权及破产令》，又在1750年颁布了《抵押权法令》。1769年公布的计划规定，只要是有借款意愿的土地所有者都可以联合起来组成合作社，政府赋予合作社发行土地债券的权利，合作社以成员所有的土地作抵押发行债券融资，成员可以向合作社借款。到1770年德国已经依法成立了4家土地抵押信用合作社。自1849年起，凡是拥有价值超过1500马克土地的农民就能加入土地抵押信用合作社。制定于1949年并于2003年修订的《德意志农业地产抵押银行法》是现在德国农地抵押融资的主要法律依据，另外其《担保法》、《民法典》等也都对农民、土地抵押信用合作社等农地抵押融资当事主体的权利义务做了较明确的规定。

三、日本的实践

（一）实施背景

与中国相似，日本也属于农地资源稀缺的国家，日本引入土地证券化在很大程度上就是为了解决土地经营规模小、效益低的问题。日本经过一系列改革，促进了农地的保护和有效利用，大大提高了农地资源的利用效率，其成功经验值得我们学习。

历史上，受自然、社会等各方面条件的限制，日本的农业实行小规模家庭经营方式，规模小成本高，农业生产效益低下。日本明治时期的地税改革在一定程度上减轻了农民的负担，提高了农民的劳动积极性，但是也导致土地日益集中到地主手中，广大农民的生活难以为继，再加上当时片面重视重工业而忽视农业的政策，使其经济畸形发展。“二战”后，作为战败国的日本发生了较大的经济危机，出现了较为严重的粮食短缺现象。长期的战争使日本当时的土地荒废，耕地减少严重，战败后大量的离职人员、撤退人员及战时疏散在农村的人员又使小农户数量急剧增加。耕地面积在 1946 年约为 500 万公顷，其后的几年中基本保持这一数字，而 1931 年时约为 580 万公顷、农户 540 万 ~550 万户，1947 年达到了 590 万户，1949 年更是达到历史最高纪录的 624 万户。为了解决战争给农村带来的问题，日本于 1947 ~ 1950 年在美国占领军的监督下进行了农村土地改革，使农民拥有了自己的土地，并根据 1947 年颁布的《农业协同组织法》解散旧农会，建立了“日本农业协同工会”（即农协）；1965 年又颁布《农协合并助成法》，鼓励农协合并扩大规模，农协在农村经济中逐渐占据了主导地位，至今在日本农业中仍起着不可或缺的重要作用，是被世界公认的运作最成功的农村合作经济组织之一。日本的农村土地证券化依靠以农协为主体的多层农村金融网络，农协主要负责购买农民的生产生活资料、建设农业基础设施等，也负责吸纳农村储蓄和融资及保险等活动。新农协不受官方控制，农民自由加入，但是由于政府的鼓励和加入，农协更能保证农业物资的供应，因而基本所有的日本农民都加入了农协。日本的土地证券化制度采取了公司型与信托型投资模式同时发展的方式。

（二）运行机制

日本主要依靠农村合作金融组织来发行农村土地证券，主要为农民提供低息贷款。日本农协的金融机构基本按照行政区划分为农业协同组合（即基层农协）、信用农业协同组合联合会（信农联）、农林中央金库和全国信农联协会三层。与农户直接有业务往来的是基层农协，由市、町、村的农户入股组成，包括农业、渔业和森林协同组合。基层农协通常要求农户将农业收入和农协发放的利润的全部或部分存入农协，利率可高于其他银行。农协作为非营利组织，主要满足会员的生产和生活资金需求，国家对农协贷款的利息进行补贴，农协还可以适当兼营保险等其他业务。信农联是由农协及县一级其他事业联合会、其他非农协的农业团体入股组成，为基层农协服务，可办理存贷业务和调剂、运用全县范围内各基层农协之间的资金。农林中央金库是农协金融机构的最高层，由信农联入股组成，负责全国范围内各级农协内部及农协与其他机构之间的融资、清算等工作，依法营运资金，并为信农联提供信息、框架指导等服务。农林中央金库的资金主要由各地信农联及相关农业团体的存款和发行农林债券所得资金组成。三级机构之间独立自主经营、职责明确，上下级之间是相互独立的自主经营主体，独立核算、独立管理，上级运用经济手段影响下级机构的行为，在必要时为下级提供资金上的支持，下级则有义务为其上一级组织提供信息。

日本的农村土地证券化中心思想是土地所有者把土地信托给农信联，通过受托人发行及管理农村土地证券而获利。具体如图5－3所示。

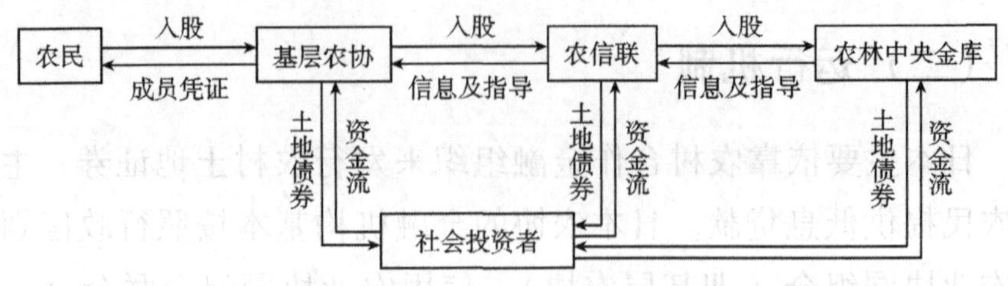

图 5-3　日本农村土地证券化流程

资料来源：藏波，杨庆媛等．国外农村土地证券化研究现状、前景及启示［J］．中国土地科学，2012（10）：23-28.

（三）配套政策

日本通过一系列相关法律政策保障农村土地证券化的顺利运行，1946 年《农村土地调整法改正法律案》及《自耕农创设特别措施法》的颁布标志着日本农村土地改革的开始，为日本废除地主制和建立自耕农制度创造了条件。1947 年日本政府又颁布了《农业灾害补偿法》保护新兴的自耕农的利益，防止其因自然灾害而破产；同年颁布《农业协同组织法》，倡导农户间相互帮助、合作，并依此成立了日本农协。1965 年颁布的《农协合并助成法》为农协的发展壮大创造了条件；1953 年通过的《农业机械化促进法》为农业机械化的发展提供了法律保障，1965 年和 1993 年又两次对该法进行修订。同样在 20 世纪 50 年代颁布的《耕地改良法》、《农药管理法》等法律推动了农业技术的进步和投入的增加。《农林中央金库法》等法律的实施促进了农村金融的规范发展，农村信用保险防控机制和相互援助机制等风险防控体制的建立降低了农民面临的风险。1961 年被日本农业界称为“农业宪法”的《农业基本法》开始正式实施，此后《农业现代化资金促进法》、《农村信用基金法》等配套法律相继颁布，这些配套法律的实施对提高日本农业生产的规模化、专业化程度，促进现代化农业的发展都有着重要的作用。1986 年修改后的土地信托方面的法律允许政府和国家所有的土地作为信托财产，1987 年的《抵押证券业规制法》规定了抵押证券从业者的行为规范，2000 年修订的《投资法人及信托投资法》正式引入了特定目的信托制度等。

四、对中国的启示

（一）农村土地证券化离不开政府的支持

政府通常是决定一国制度供给、战略安排的主导力量，德国、美国和日本等国政府在农村土地证券化的顺利推进过程中都进行了多种方式的扶持，如直接投资、税收减免、提供低息贷款或是贷款贴息等。如德国政府就直接投资建立了数量众多的土地银行和土地改革银行，与合作社一起组成了德国的农业信用体系。美国在 1917 年成立联邦土地银行时，政府拨款超过其股金的 80%。证券化的过程存在特定的风险，如政策风险、证券等级下降等，政府在此过程中应利用政府信用降低风险、监管资产证券化的过程来保护投资者利益，尤其是农地证券化发展的初始阶段，政府的支持更是起着至关重要的作用。政府还可以通过市场手段对农村土地证券化进行资金支持和有效干预，如在金融市场买卖农村土地证券调节资金供需等。德国政府就直接投资建立数量众多的土地银行，与各地自发组织的土地抵押合作社相互配合形成较为完备的农业信用体系。日本政府业直接为农业基础设施建设提供财政资金贷款或是提供担保的方式，引导社会资金投向农业。与这些国家相比，中国政府的执行力更具优势，可以通过制定农村土地证券化的配套政策如税收优惠等措施来降低成本、提高投资者收益。

（二）农村土地证券化必须有健全的法律做保障

发达国家均制定了较为完善的法律法规来规范农村土地证券化，没有完善的法律制度，任何一个国家的农村土地证券化工作的开展都会困难重重。如美国依据《联邦农业贷款法》组建了联邦土地银行，制定了《联邦农作物保险法》、《联邦农业贷款法案》、《农村土地信用法》等配套法律，建立了强制保险制度；日本按照《农业协同组织法》建立了农协，也颁布了《农村土地抵押法》等法律法规；德国也制定了《抵押权法令》等法令作为土地抵押信用合作社建立的基础。在资金的来源、收益的分配等方面，美国有《联邦农业贷款法》、《农业信贷法》等，日本有《农业现代化资金促进法》、《农业改良资金助成法》等，我国台湾地区更是采取了官方主导下的不动产证券化。目前我国的法律还存在不适合农村土地证券化的条款，因此应该一方面修订原有法律法规中的相关规定，为农村土地证券化扫清制度障碍，另一方面研究制定相关的专业法律法规规范相关主体的行为。

（三）土地证券化的发展必须有中介机构的支持

土地证券化过程的交易设计、信用评级增级、证券承销等环节都离不开中介机构的参与，中介机构能以其专业的服务提高交易活动的效率和降低交易的费用，维护交易过程的公平公正，担保机构、评级机构还可以监管各市场主体的行为，确保市场的顺利运行。虽然各国根据自身的实际情况选择了不同的农地证券化模式，但中介机构发挥的作用都是无可取代的。如美国的四大信用评级机构、德国的土地银行就为其本国证券化的快速发展做出了突出贡献。

五、本章小结

本章从产生背景、运行模式、相关制度建设等方面介绍了美国、德国、日本三个发达国家农村土地证券化的实践，发现这些国家的农村土地证券化都得到了政府直接投资、税收减免、提供低息或贴息贷款等多种方式的扶持，也都制定了较为完善的法律法规来规范农村土地证券化过程中相关主体的行为，并组建了信用评级和担保机构等中介服务机构，这些成功经验值得我国借鉴。

第六章

中国农村土地证券化的机制设计

本章在上一章分析发达国家成功经验的基础上，结合我国准农村土地证券化实践，提出符合我国国情的农村土地证券化操作程序。

一、中国准农村土地证券化实践

（一）我国台湾地区的农村土地证券化实践

中国土地证券化始于1944年，发行目的主要是筹集资金帮助农民购买土地，希望借此来推动农业发展。1946年台湾地区设立土地银行，发行土地债券并为农业提供长期低息贷款，协助农民购买、改良农村土地和从事农林牧渔业的永久性建设等，现在的土地银行也从事证券投资、信托等业务。台湾岛内的主要城市均设有土地银行分行，市镇也设有支行或办事机构。20 世纪 50 年代在台湾地区实施了土改，使自耕农成为台湾地区农户的主体，改革了农村中的生产关系，台湾地区农业也很快恢复到战前最高水平。近年中国台湾地区借鉴发达国家的经验推行不动产证券化，操作流程直接源于美国的不动产投资信托。

中国台湾地区十分注意立法工作，采取先规范后实行的方式。2003 年施行的有关不动产证券化的相关条例规定了不动产投资信托和不动产资产信托资金的募集、运用等方面，分别借鉴了美国不动产信投资托制度和日本的土地信托制度，台湾的不动产证券化从此逐渐走上法制化轨道。

（二）中国的准农村土地证券化实践

中华人民共和国成立后，我国还没有真正意义上的农村土地证券化实践，类似的准农地证券化实践有农地股份合作和农地信托等。

1. 农地股份合作

农地股份合作是以农村土地入股为主要内容的股份合作，是农户结合土地的又一次创新，是股份制和合作制的有机结合，实现了生产要素的融通和聚集，对农业生产规模的扩大和生产效率的提高起到了显著的效果，有学者甚至认为，其是农村的二次改革。农地股份合作的最早典型兴起于 20 世纪 90 年代初的广东省佛山市南海区（当时为南海市），后扩展到浙江、江苏等较为发达的农村地区，现在全国各地很多地区都有尝试。根据运作方式的不同，农地股份合作主要可以分为以下几种形式：

一是南海模式。兴起于 1993 年的广东省佛山市南海区土地股份合作组织是这种模式的典型代表。其具体做法是：首先对全区土地进行分区规划，把较肥沃的土地划为农田保护区，把临近村庄的土地和靠近城镇及公路的土地分别划为商业住宅区和工业发展区；其次将土地经营权及其他集体财产按净值作价入股，并对股权设置、分配及管理作出相应规定。这种形式实现了土地的适度规模化经营，提高了土地的产出效率，促进了农民收入的提高，使农民也参与分享了部分土地增值的收益。

二是宁夏平罗模式。2006 年宁夏平罗县采取农民在自愿基础上把农地经营权委托给土地信用合作社的方式。其具体做法是：首先由村委会申请、乡镇报县主管部门审核批准后，注册成立农村土地信用合作社；其次是农户自愿将土地经营权存入土地合作信用社签订存地合同，由土地信用社整理后统一招租，农民获得存地利息收入。同时还成立了村民代表大会、监事会、理事会等机构，并制定了土地信用社章程，对信用社的运行、监管等做出较为详细的规定。这种模式对解决农地细碎化问题、促进农地经营权流转和增加农民收入有着积极的意义。

此外上海模式、苏南模式、成都模式、北京模式也都进行了农村土地股份合作的探索，也起到了积极的效果，可以说农村土地股份合作具有重大的创新意义，在落实农民的土地收益权和使用权、推动土地适度规模经营和农业产业化发展过程中起到了积极的作用。但也有学者指出其存在制度安排不尽合理、效率损失、容易陷入“集体行动的困境”和农户股东受挤压等问题，需要解决。每种模式也都存在不同的优势和劣势，在具体实施过程中需要在农民自愿参与的基础上，根据各地区的现实情况选择合适的发展方式。

2. 农村土地信托

农村土地信托是受托人接受农地承包权人的委托，为了受益人的利益或特定的目的，在一定期限内以受托人的名义对信托土地进行经营管理的行为。我国湖南、浙江、上海等地都先后进行了农地信托的实践探索，取得了一定的效果。

浙江省绍兴市于2001年开始了农地经营权信托流转的尝试，这也是国内最早运用信托方式进行农地经营权流转的实践。其具体做法是：首先，调查当地土地流转情况，确定有流转需求的土地，选取具有条件的几个村作为试点；其次，通过政府介入成立村、镇、县三级土地信托服务机构，由村级土地信托服务机构确定与农户签订农地信托合同；最后，由村级土地信托服务机构对农地进行分类整理以便实现规模化经营，并与有合作意向的承包大户签订农地使用权承包合同，收取相应承包款后按合同约定分配土地经营收益。在此过程中土地信托服务机构还负责交易过程的监督、土地使用情况的复查等工作。

绍兴的农地信托流转模式在其他地区推行过程中出现了一些问题，这影响了我国农地信托流转的发展进程。2010年湖南省益阳市简化了绍兴模式，推出了农地信托的“草尾模式”（以其最早在沅江市草尾镇试行而得名）。其具体做法是：首先，政府建立土地信托公司作为农地流转的平台，与农户签订农地信托合同，获得较长期限的农地经营权，进行适当整理后通过竞价的方式转租给种粮大户或农业企业经营，获得租赁收入。其次，依托土地信托公司进行投融资等操作。扣除土地信托公司正常运转所需费用后，其余资金作为信托收益支付给农户。具体如图6－1所示。

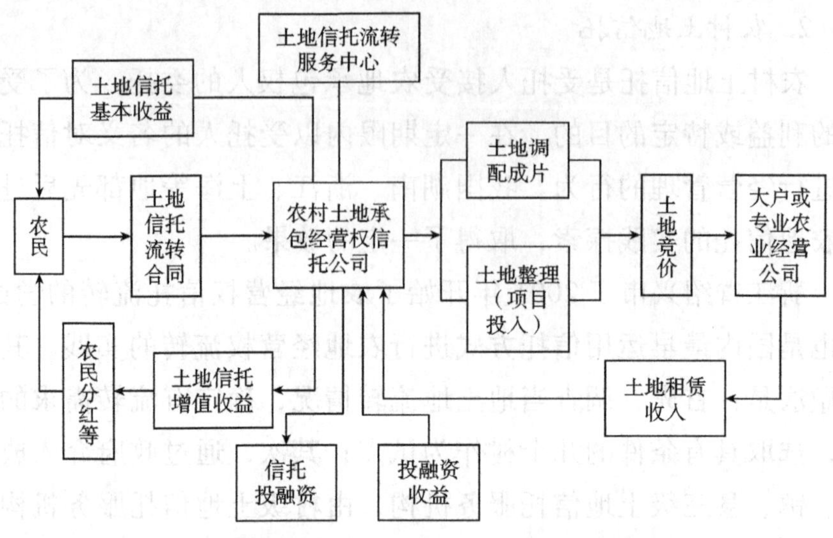

图6-1　农村土地信托流转“草尾模式”运行框架

资料来源：益阳市农村土地信托流转研究课题组．农村土地信托流转实证研究［M］．长沙：湖南人民出版社，2013.

草尾镇的农地信托流转试点取得了较好的效果，加快了当地土地流转的进程，实现了农业的规模化经营和农民收入大幅提高。2011 年福建沙县也仿照益阳的模式开展农地信托流转实践。2013 年中信信托公司与安徽省宿州市埇桥区政府成立了为期 12 年的农地经营权信托“1301 期计划”，这也是我国首个农地集合信托计划，此后北京国际信托、中粮信托等公司也纷纷在北京、湖北等地成立信托计划。但是也有学者指出土地流转信托面临着资金考验，同时在实施过程中必须严格保证农地的使用性质和农户的合法权益不受侵害。

二、参与主体的选择

（一）发起人的选择

发行农村土地证券要求基础资产有稳定的现金流资产收益，这样才能保证投资者利益。发起人是资产证券化的开始，是土地资产的原始权益人，负责组建资产池并转移给 SPV 实现破产隔离，根据合同从 SPV 处获得资金。可以根据我国的实际情况，参照国外的成功经验，由农户在自愿的基础上组成农业股份合作经济组织等新型经营主体作为发起人。新型经营主体代表组织内成员的利益，具有合作金融的特征，其经营和管理农村土地的水平决定了农民的收益。

（二）特殊目的机构的选择

对目前的中国而言，农村信用社及其改制后的农村商业银行是特殊目的机构的最佳选择，这是因为：

1. 农村信用社及改制后的农村商业银行与农村有着紧密的联系

农村信用社一直在我国农村金融体系中发挥着非常重要的作用：1923 年我国第一个农村信用合作社在河北省香河县成立，主要是为了发展农业生产和保证农民生活，到 1927 年已陆续建立起约430家农村信用社，此时革命根据地的农村合作金融开始兴起，1945年时解放区已有880多家信用合作组织。早期的农村信用社对支援革命建设、废除高利贷、促进农民生产生活有着非常重要的意义，也为农村的发展奠定了良好的基础。中华人民共和国成立初期，农村信用社对稳定农村金融市场、发展农业生产、推动农村合作化运动都有着积极的促进作用。1958～1978年，农村信用合作社的隶属关系几经调整，人民公社、生产大队、人民银行等都曾先后出任农村信用社的管理者，信用社的资金、业务遭受了严重的破坏，已经失去了经营的自主权，几乎到了破产的边缘。此后农村信用社进行过多次改革，尤其是1996～2002年与农业银行的隶属关系解除，业务管理由农村信用社县联社负责，接受人民银行的监管。此后农村信用社的管理趋于规范，资产质量不断提高，支农力度不断加大。2007年海南省农村信用社正式成立，标志着我国信用社新管理体制全面建立。2014年底，全国农村信用社网点数量达到422201个，农村商业银行网点达到32776个，农村合作银行、村镇银行的网点数分别为3269个和3088个。可见农村信用社的定位主要就是为农村服务，尤其是在农业银行业务转向城市、对农业的支持弱化；农业发展银行转向单纯支持与农副产品储备、收购有关的业务之后，农村信用社更是成为农村金融体系的主力军。虽然部分农村信用社已经改制为农村商业银行，但与其他银行相比，还是与农民有着较密切的联系。

2. 农村土地证券化给信用社及农村商业银行带来了难得的机遇

为了更好地履行为农村服务的职责，如何为农村建设筹集充足的资金是农村信用社要考虑的首要问题。虽然农村信用社的改革取得了较为明显的效果，盈利能力明显改善，资金实力大大增强，但是与其他商业银行相比，还存在规模较小、产品创新不足、经营状况差、不良贷款率高、资不抵债等问题，而农村土地证券化给信用社及农村商业银行带来了机会。传统的农业贷款一旦形成，很难再调整其资产结构；而农户贷款具有额度小、对象广、客户分散的特点，造成管理难度大、成本居高不下的问题。农村土地证券化使信用社可以灵活安排业务，既可以正常放贷，又可以根据需要在证券市场调节。另外，证券化是建立在农村土地规模经营的基础上，客户数量减少而贷款额度变大，能够有效降低管理和监控成本。

3. 农村信用社和农村商业银行作 SPV 对政府、投资者、发起人都是最佳选择

对政府而言，农村信用社一直在我国农村金融体系中扮演重要角色，尤其是其他银行撤并农村的分支机构之后更是如此，因此政府也出台许多政策鼓励信用社继续为“三农”服务，如 2004 年出台的《中共中央国务院关于促进农民增加收入若干政策的意见》中规定，2004 年起试点地区信用社只征收 3% 的营业税，2004 ~2006 年参与试点的中西部地区信用社免征企业所得税，其他地区只征收 50%。经过一系列改革之后，2015 年底全国农村信用社不良贷款比率约 4.3%，资本充足率 11.6%，全年实现利润 2233 亿元，涉农贷款余额 7.8 万亿元，农户贷款余额 3.7 万亿元，机构实力大大提升，具备了成为 SPV 的经济条件。对投资者而言，实践证明，机构投资者的参与是证券化快速发展的必要条件，而我国的机构投资者更偏好风险较低的银行证券，农村信用社和农村商业银行作为 SPV 对机构投资者更具吸引力。对发起人而言，农户、农村经济合作组织等对农村信用社及农村

商业银行的信任和依赖是其他金融机构所无法取代的。无论是从感情还是对日后基础资产的管理而言，农村信用社和农村商业银行都是土地证券化过程中 SPV 的最佳选择。

（三）资金保管机构的选择

资金保管机构是投资者利益的代表，代表投资者行使基于资产支持证券的有关权利如收取本息并转付给投资人、监督其他相关主体行为、审查披露相关报告等，是我国不同于国外的资产证券化环节设计，目的仍然是降低风险。《信贷资产证券化试点管理办法》的规定，发起机构与贷款服务机构不能担任同一交易的资金保管机构。按照这一规定，农村信用社或农村商业银行已经担任 SPV 的角色，不能再充当资金保管机构，农业银行和邮政储蓄可作为农村土地证券化的资金保管机构。

三、中国农村土地证券化的流程构建

农村土地证券化实际上是收益权的证券化，在借鉴国外成功经验的基础上，我国农村土地证券化可按图 6－2 的流程操作。

（1）农民自愿以农村土地经营权及农村土地附属物等折价入股组成农业股份合作组织，或是组成其他新型农业经营主体作为农村土地证券化的发起人，代表农民管理经营农村土地，测算未来收益并确定证券的发行总额。

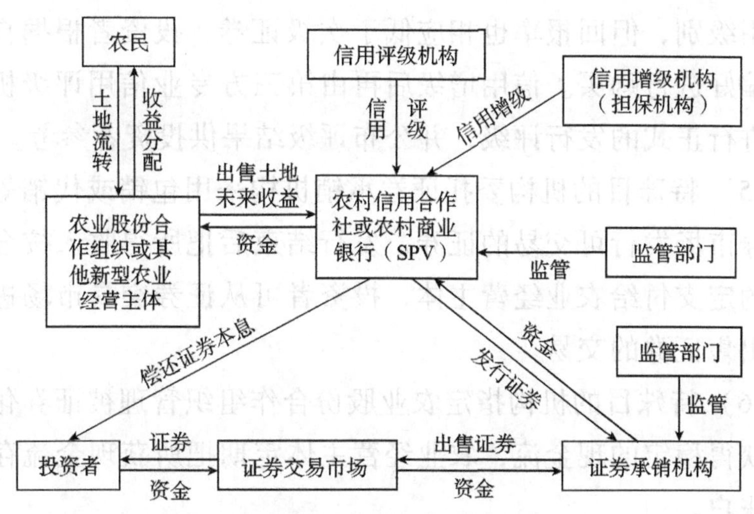

图 6－2　农村土地证券化流程

（2）新型农业经营主体将一定期限内经营土地所能获得的未来现金收入“真实出售”给特殊目的机构——农村信用社或农村商业银行进行破产隔离，组建资产池。

（3）特殊目的机构取得资产以后审核资产的真实性与合法性，再与发起人或由其指定的资产管理服务人签约，并协同发起人及中介服务机构协商确定农村土地证券化的交易结构，后由特殊目的机构聘请信用评级机构对农村土地资产支持证券进行内部评级。

（4）特殊目的机构为了确保发行人——新型农业经营组织按时支付投资者本息，采用外部信用增级和内部信用增级手段提升信用级别，改善证券和降低证券的发行成本，这也是资产证券化交易结构的关键环节。外部信用增级可以采取政府的担保机构提供担保等方式，内部信用增级则是设计优先级和次级等级别的证券，经营资产收入被用来偿还优先级证券本息，因而能获得较高的信用级别，但回报率也相应低于次级证券，投资者根据自身的风险偏好进行购买。信用增级后再由第三方专业信用评级机构对证券进行正式的发行评级，并公布评级结果供投资者参考。

（5）特殊目的机构委托证券承销机构采用包销或代销等方式向证券市场发行可交易的证券，发行结束后把所得收入按合同条款的约定支付给农业经营主体，投资者可从证券交易市场进行购买或出售证券的交易。

（6）特殊目的机构指定农业股份合作组织管理被证券化的资产以获得稳定的现金流，农业经营主体定期把所获现金流存入约定的账户。

（7）特殊目的机构将经营管理资产产生的现金流用于偿还证券本息，扣除相应费用后如果还有剩余会被返还给新型农业经营主体。

四、农村土地证券化的价格确定

一般情况下，经营农村土地能够获得持续的年收益，农村土地证券化就是通过结构性安排，把一定期限内经营土地可产生的未来预期现金流转化成可以流通的证券的过程。投资者购买农村土地证券产品是为了获得未来收益的索偿权，因此农村土地证券的价格要根据未来现金流的质量来确定。

（一）静态现金流折现法

现金流折现法认为，资产的价值是其未来收益按照一定利率折现的现值。静态现金流折现法是资产证券化产品最基本的也是最早出现的一种定价方法，使用这种方法时先估计未来预期收益和风险，估计未来现金流，然后选择恰当的折现率，再根据投资期限对预期收益进行折现。预期收益的现值在理论上应该等于资产支持证券的现值，使用静态现金流折现法的关键是确定各期的预期收益。

静态现金流折现法具体的计算公式如下：

$$P = \frac{CF_1}{1+r} + \frac{CF_2}{(1+r)^2} + \cdots + \frac{CF_n}{(1+r)^n} = \sum_{t=0}^{n} \frac{CF_t}{(1+r)^t} \quad (6.1)$$

式中：P 表示证券价格；CF_t 表示第 t 期的预期收益；r 表示折现率；n 表示证券到期的期数。

静态现金流折现法的优势是原理清晰，计算简便。但也存在一些不足，如它是以固定的折现率将未来现金流折现，往往忽略了远期利率的浮动和隐性期权等因素的影响，又如对证券的预期收益、违约风险等因素考虑较少，未能体现出证券的利率期限结构。尽管如此，静态现金流折现模型还是资产证券化定性研究中的重要工具，其分析结果通常是其他模型研究结果的很好检验。

（二）静态利差法

静态利差法将利率的变动考虑在内，认为不同期限的贴现率不同。它假定特定信用等级的债券的收益率与国债收益率之间存在固定的利差（即静态利差），以国债的即期收益率与静态利差之和作为证券定价的贴现率。其计算公式如下：

$$P = \frac{CF_1}{1 + r_1 + s_s} + \frac{CF_2}{(1 + r_2 + s_s)^2} + \cdots + \frac{CF_n}{(1 + r_n + s_s)^n}$$

$$= \sum_{t=0}^{n} \frac{CF_t}{(1 + r_t + s_s)^t} \tag{6.2}$$

式中：P 表示债券价格；CF_t 表示第 t 期的预期现金流；r_t 表示第 t 期相同剩余期限的国债即期利率；s_s 表示静态利差；n 表示证券到期的期数。

使用静态利差法时，考虑到了资产证券化产品与国债之间的风险贴水，考虑了利率波动等因素的影响，但没有把不同利率路径可能导致提前还本的波动考虑在内，忽略了因此对现金流与报酬率的影响。

（三）二叉树期权定价法

期权是一种选择权，是在合同中规定购买方拥有在一定时间内按事先确定的价格（行权价或执行价）行使购买或出售一定数量标的资产的权利，买方有权选择是否行使期权而不负有必须实施操作的义务。期权按合同规定的履约方式可以分为美式期权和欧式期权，美式期权的买方既可以在到期日行权，也可以在到期日之前的任一工作日行权；欧式期权则只能在到期日行权。

二叉树定价法是由 Cox、Ross 等学者于 1979 年提出的，现在已发展成为复杂期权定价的基本方法之一，欧式期权和美式期权都可以用二叉树方法定价。其假设条件为：市场不存在税收和交易成本等，为无摩擦市场；不存在套利机会；市场信息是充分共享的；投资者为价格接受者等。二叉树定价法的基本思想可以由图 6－3 来表示。

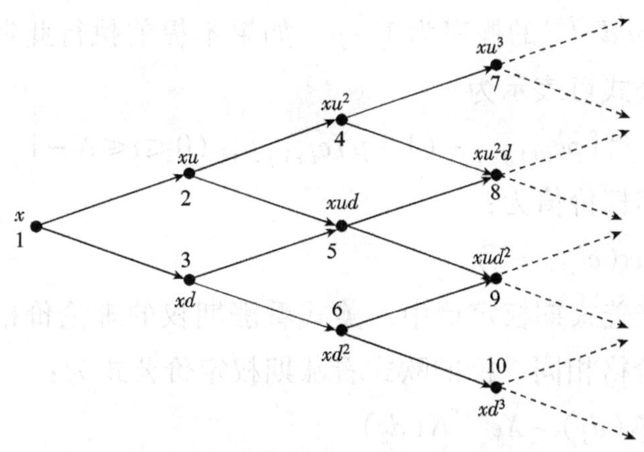

图 6－3　二叉树定价法标的资产价格变化

假设期权的到期日为 T，将期权的有效期［0，T］分成 N 个长度为 Δt 的足够小的时间间隔，如图 6－3 所示，标的资产在起始时刻 $t=0$ 时价格为 x，用节点 1 表示。在 Δt 时间内，资产价格有上升和下降两种可能，假设其以概率 p_u 上升为 xu，以概率 p_d 下降为 xd，分别用节点 2 和节点 3 表示，其中 p_u 和 p_d 满足条件：$p_u+p_d=1$。到了时间 $2\Delta t$，标的资产价格的可能变化有 xu^2、xud 和 xd^2 三种情况，即节点 4、节点 5、节点 6 代表的点。依此类推，到了时间 $i\Delta t$，标的资产的价格为可能有 $i+1$ 种情形，可以表示为：

$$xu^j d^{i-j}(j=0,\ 1,\ 2,\ \cdots,\ i) \tag{6.3}$$

以美式看涨期权为例，其到期日价值可表示为 max（$x-k$，0），其中 k 为期权的执行价格；设 C_{ij} 为此时的期权价值，第 i 步的内涵价值为：

$$c'_{ij}=\max(xu^j d^{i-j}-k,\ 0),\ j=0,\ 1,\ 2,\ \cdots,\ i \tag{6.4}$$

在时间 $i\Delta t$ 资产价格由 $xu^j d^{i-j}$ 变为 $xu^{j+1}d^{i-j}$ 的概率为 p，资产

价格变为 $xu^{j}d^{i-j+1}$ 的概率为 $1-p$。如果不提前执行此期权，风险中性倒推公式可表示为：

$$c''_{ij}=e^{-r\Delta t}[pc_{i+1,j+1}+(1-p)c_{i+1,j}],\ (0\leqslant i\leqslant N-1,\ 0\leqslant j\leqslant i)$$

此时期权价值为：

$$c_{ij}=\max(c'_{ij},\ c''_{ij}) \tag{6.5}$$

在看涨美式期权定价中，美式看涨期权的理论价格和欧式看涨期权的价格相同。标准欧式看涨期权定价公式为：

$$C=S_0N(d_1)-Xe^{-rT}N(d_2) \tag{6.6}$$

式中，S_0 为标的时刻 0 的价格；X 为期权执行价格；r 为无风险利率；T 为期权存续时间；$N(\cdot)$ 为标准正态累计分布函数，$d_2=\dfrac{\ln\left(\dfrac{S}{X}\right)+(R-0.5\sigma^2)T}{\sigma\sqrt{T}}$，$d_1=d_2+\sigma\sqrt{T}$，$\sigma$ 为标的波动率。

（四）我国农村土地证券定价过程模拟

1. 产品 1

因为我国至今为止还没有真正意义上的农村土地证券化实践，加上所需的专业人才极为缺乏，所以产品 1 的设计采用定价过程更为清晰简明的静态现金流折现法来模拟农村土地证券的定价。在产品 1 中，本书以资产证券化定价常用的理论模型——静态现金流折现法为基础，采用 Monte Carlo 模拟法模拟我国农村土地证券的定价过程。

（1）假设条件。

1）所有农地的质量无显著差异，每亩农地的净收益服从相同的分布。

2）假设经营农地的收益与农产品价格及农作物的产量相关，农产品每年的价格增幅等于通货膨胀率。

3）假设利率期限结构为平坦型率结构曲线。利率期限结构描述的是随着到期期限的不同，证券收益率的变化情况，它能够反映金融市场上资金的借贷成本，常被用作金融资产定价贴现率的参考依据。如图6-4所示，利率期限结构大致有平坦型、波动型、向上倾斜型及向下倾斜型四种，本书假设其为平坦型。

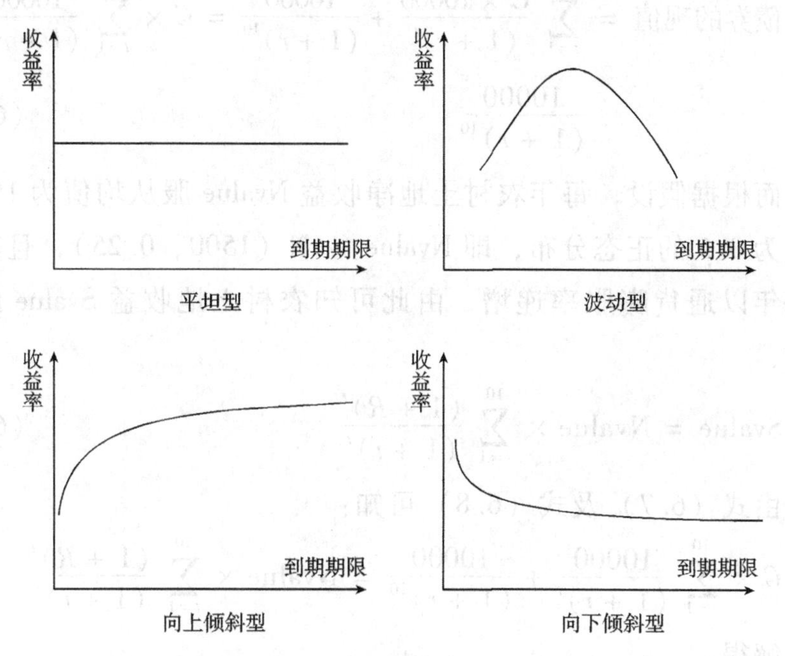

图6-4　利率期限结构

4）假设每年农村土地净收益服从正态分布。

（2）各变量赋值。r=0.03，即市场无风险利率为0.03。

R=0.04，即通货膨胀率为0.04。

μ=1500、σ=0.5，即每年每亩农村土地净收益Cvalue的均值服从均值为1500、波动率为0.5的正态分布。

T=10，即土地证券化的期限为10年，采取每年一次付息的方式。

N=10000，即Monte Carlo模拟的次数为10000次。

FaceValue=10000，即发行证券的面值为10000。

（3）定价思路。证券的票面利率C应该满足使土地收益的现值=证券的现值。

$$\text{债券的现值} = \sum_{t=1}^{10} \frac{C \times 10000}{(1+r)^t} + \frac{10000}{(1+r)^{10}} = C \times \sum_{t=1}^{10} \frac{10000}{(1+r)^t} + \frac{10000}{(1+r)^{10}} \tag{6.7}$$

而根据假设，每年农村土地净收益Nvalue服从均值为1500、方差为0.5的正态分布，即Nvalue ~ N（1500，0.25），且其收益每年以通货膨胀率递增，由此可知农村土地收益Svalue的现值为：

$$\text{Svalue} = \text{Nvalue} \times \sum_{t=1}^{10} \frac{(1+R)^t}{(1+r)^t} \tag{6.8}$$

由式（6.7）及式（6.8）可知：

$$C \times \sum_{t=1}^{10} \frac{10000}{(1+r)^t} + \frac{10000}{(1+r)^{10}} = \text{Nvalue} \times \sum_{t=1}^{10} \frac{(1+R)^t}{(1+r)^t}$$

解得：

$$C = \frac{\text{Nvalue} \times \sum_{t=1}^{10} \frac{(1+R)^t}{(1+r)^t} - \frac{10000}{(1+r)^{10}}}{\sum_{t=1}^{10} \frac{10000}{(1+r)^t}} \tag{6.9}$$

用Monte Carlo模拟Nvalue的值，由Matlab 2015计算可知，证券的票面利率C=9.83%。

这里本书未考虑农村土地证券化的评级、增级、发行等成本。从发达国家的实践来看，政府通常会对农村土地证券化进行税收减免或贷款贴息等，因而农村土地证券化的成本低于商业银行贷款的成本。

2. 产品2

产品1中假设利率为固定值，但在实践中，利率往往会随时间发生变化，因此在确定农地收益时，不可能对未来各期的市场利率和每期土地收益有充分的掌握。本书在产品2中放宽了固定利率的假设。

（1）假设条件。

1）利率期限结构服从CIR过程，即：

$$dr_t = \alpha(\beta - r_t)dt + \sigma\sqrt{r_t}dW_t \tag{6.10}$$

式中，α、β、σ 均为常数，α 为均值回复率，β 为长期利率水平，σ 表示利率波动率。

2）土地收益服从正态概率分布：

$$\mu_t = A_0(1+c)^t$$

$$\sigma_t = \overline{\sigma}$$

式中，μ_t 表示第t年的土地收益均值；A_0 表示当前土地收益；c表示农产品价格指数增长率；$\sigma_t = \overline{\sigma}$ 表示第t年土地收益的波动率 σ_t 为常数 $\overline{\sigma}$。

（2）各变量赋值如表6-1所示。

表6-1　农地证券化产品定价的Monte Carlo模拟参数赋值情况

α	0.5	β	3.5%
σ	15%	$\overline{\sigma}$	25%
A_0	1000	c	2%
T	10年		

(3) 模拟结果。

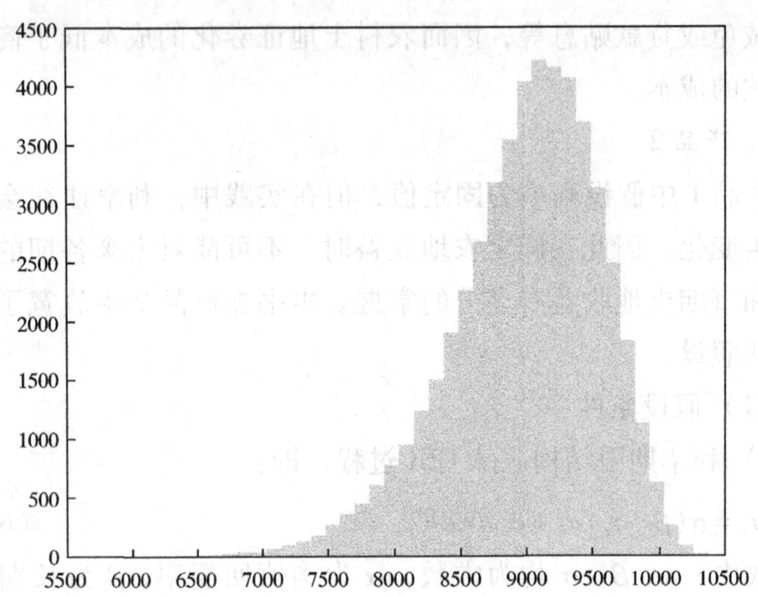

图 6-5 农地证券化产品价格分布

表 6-2 Monte Carlo 模拟农地证券化产品价格统计指标

均值	8986.7	标准差	560
最大值	10371.4	最小值	5911.3
1 分位点	7412.0	5 分位点	7955.2
99 分位点	10000.8	95 分位点	9786.1

3. 产品 3

产品 1 与产品 2 未考虑内含赎回期权的情况，在欧美国家，土地证券的发行人通常保留在证券到期日之前按一定价格回购证券的权利。发行内含提前赎回期权证券，本质上是发行者在发行一个普通证券的同时向投资者购买了一个期权，因此证券的价格会降低，投资者收益率会提升。在土地证券存续期内，如果发行者有权在任意时点提前赎回证券，也就是说具有随时行权的权利，那么这个期权是一个美式期权。本书在产品 3 中嵌入一个美式期权，此时购买农地证券的净价值 P_1 为：

$$P_1 = P - C \tag{6.11}$$

式中，P 为持有到期的农村土地证券的净价值；C 为提前赎回期权的价值，它是一个美式期权。由产品 2 可知，P 是已知的，因此要求出土地证券的净价值 P_1 的值，关键是求出提前赎回期权 C 的价值。本书采用二叉树期权定价模型，运用 Monte Carlo 模拟提前赎回期权 C 的值。

（1）假设条件。假设产品 3 嵌入的美式期权为看涨期权，当证券价格高于期权执行价格时，发行者有权按照执行价格赎回或不赎回。

（2）各变量赋值：证券初始价格为 9000，存续时间为 10 年，在证券发行的前 3 年时间，发行者有权赎回证券。证券期权的相关参数赋值如表 6－3 所示。

表 6－3　可回购证券期权相关参数赋值情况

S_0	8986.7	X	9500
r	2.5%	σ	0.10
T	3		

运用 Monte Carlo 模拟可得，内嵌期权的价格为：C＝712.8。内嵌赎回条款的农地证券价格为：P_1＝8287.2。

五、本章小结

在借鉴国外成功经验的基础上，本章提出可以由农户在自愿基础上以土地折价入股组成农业股份合作经济组织或其他新型农业规模经营主体作为发起人，以农村信用社或农村商业银行作为SPV，以农业银行和邮政储蓄为资金保管机构实施农村土地证券化，并提出了农村土地证券化的具体操作流程。农村土地证券化就是通过结构性安排，把一定期限内经营土地可产生的未来预期现金流转化成可以流通的证券的过程。投资者购买农村土地证券产品是为了获得未来收益的索偿权，因此农村土地证券的价格要根据未来现金流的质量来确定。还设计了三种农地证券化产品，采用Monte Carlo模拟法模拟了我国农村土地证券的定价过程。

第七章

中国实施农村土地证券化的政策建议

农村土地证券化能够为农业发展筹集资金，促进农业向规模化、机械化经营方向发展，还有利于缩小城乡收入差距和资源的优化配置。本章结合中国现实情况，提出我国实施农村土地证券化的政策建议。

一、指导思想

（一）切实尊重农民意愿

尊重农民意愿、鼓励农民创新是解放生产力发展农业生产的重要方式，发挥农民在农村变革中的重要作用，对我国现代化农业的发展和社会主义新农村的建立有着积极的意义。实施农村土地证券化的根本目的是为农业发展筹集资金、促进土地规模经营和农业的发展，其本质是为了保障农民的权益、促进农民收入增加，在此过程中必须把尊重农民的理念放在首要位置。农户是农业经济行为的最终实施主体和重要的微观基础，农村制度的创新必须尊重农民的意愿，以农民的认知水平和真实想法为基础。2006 年的中央一号文件中提到要尊重农民的主体地位，推动农村体制机制的创新；2009 年的中央一号文件中提到必须尊重农民在土地承包经营权流转中的主体地位；2013 年的中央一号文件三次提到尊重农民；2014 年和 2015 年的中央一号文件提出土地流转和适度规模经营不能强制推动，要在尊重农民意愿的基础上进行；2016 年的中央一号文件更是提出农村工作一定要以"坚持农民主体地位"为出发点和落脚点，这无疑肯定了农民在农村经济发展和现代化农业建设中的重要地位；2018 年的中央一号文件更是提出要充分尊重农民的意愿，维护农民的利益。我国地域辽阔，各个地区之间的环境、风俗习惯、文化传统、经济发展水平等方面存在较大差异，农户的年龄、家庭人口数量、子女数量、收入支出情况、文化教育水平等认知能力等各不相同，对土地和土地证券化的意愿等也会不同，一定要切实考虑农民的意愿。

（二）试点推广

从历史经验来看，我国成功的农村土地改革都是在试验成功的基础上推广开来的，虽然历时较长，但能够较好地控制制度成本。近些年我国农村经济发展过程中出现了严重的不尊重农民意愿的现象，一些地区不顾中央的三令五申，强行改变农民的生产经营方式，引发了社会问题甚至恶性事件。我国实施农村土地证券化也应该在实地调查的基础上，采用试点先行的策略，在部分土地抛荒严重、农民有着较强意愿的地区验证其可行性和可推广性，成功之后再推广到其他地区，不能搞“一刀切”式的推进。

二、进一步加强农村土地制度改革

（一）改革农村土地产权制度

农村土地证券化从根本上说是土地收益权的证券化，而土地制度就是关于土地各种权利的确认、分配、实现、约束的行为规范。农村土地证券化的实施必须以明晰的土地产权为基础，农民真正有权享有、转移承包土地的收益权是开展农村土地证券化的前提条件。当前我国土地产权存在产权界定不明晰、土地产权残缺、土地承包经营权权能不充分等不足之处。首先我国《土地管理法》规定农村土地归村农民集体所有，但并未明确规定究竟哪一级集体组织才是真正的所有权主体。其次农村土地产权的界定不清晰，对土地的所有权、使用权、收益权、处分权等各权利主体之间的具体权责未作出明确界定。虽然2014年的中央一号文件正式提出了“三权分离”的原则，赋予了农民对承包地的占有、使用、收益、流转及承包经营权抵押、担保等权能，2015年国发［2015］（26）号文件再次重申了这一点，但并未规定具体的起止时间或者承包期限，也没有出台相应的配套细则，同时还存在着与部分法律法规条文不符的情形，操作性不强。一旦出现农地纠纷，农民的利益无法得到全面保障。如果产权界定不清晰，农村土地证券化也就失去了存在的基础。为此应该做到：明确农村集体土地所有权主体或代表及所有权主体的权利，修改《土地管理法》、《物权法》等法律中的相关条款，落实中央文件中“三权分离”的精神，出台相关实施细则，使农民享有真正意义上的用益物权，增强农民的主体意识，调动农民的积极性，提高土地的利用效率，减少土地流转的交易成本。

在交易费用不为零的经济社会里，产权的界定对人的行为和资源的有效配置有着非常重要的意义。清晰界定土地产权边界能促进市场机制在农村土地利用中进一步发挥作用，促进权能的合理转移和资源的优化组合，保护农民的土地财产权，这也是农村土地证券化实施的前提条件。因此农村土地制度改革要在坚持“三条底线”[①] 的前提下，稳定承包权、放活经营权，调整《土地管理法》、《物权法》等法律法规的相应条款，落实中央一号文件的相关规定，明确界定各级主体的土地产权边界。只有进一步改革现行农村土地制度，明确集体土地所有权主体或所有权主体代表，赋予农民相对完整的土地权能，保护农民的土地财产权，才能把农民从土地上解放出来，把土地流转到愿意经营土地的农业主体手中，促进农村土地的合理有效利用，为农村土地证券化创造良好的制度环境。

（二）完善农村土地流转制度

在目前我国农村土地小规模细碎化经营的条件下，土地流转

① 坚持公有制性质不变、耕地红线不突破、农民利益不受损。

是实现农业现代化，向规模化、机械化发展的必经之路，是提高土地利用效率、优化资源配置的必然要求。由于单个农户的土地规模有限，对投资者缺乏吸引力，只有流转到一定规模的土地之后才具备证券化的可能。在我国农业生产中，土地流转形成新型规模经营主体后，可以通过土地整理、高标准农田建设等方式提高农地质量，还可以通过市场集聚、产业关联等实现规模经济。此外，经营土地规模增大还可以改善农业经营主体在农产品销售，化肥、农药、良种的购买中的不利地位，提高其议价能力，使农业经营的回报率提高，经营者才有采用农地证券化的方式融资的经济动力，因此土地流转也是实施农村土地证券化的一个重要条件。要实现农村土地证券化，就必须要建立与之相对应的公开、公平、公正、规范、有序、高效的土地使用权流转市场，完善土地使用权流转机制。虽然我国现阶段土地流转发展很快，但依然存在着法律不配套的情况。1998 年、2004 年修订的《土地管理法》中规定“土地使用权可以依法转让”，但并没有说明所依照的法律和转让的方式。2007 年实施的《物权法》明确了流转具体可以通过转包、互换、转让等方式。2013 年，《中共中央关于全面深化改革若干重大问题的决定》提出要鼓励土地经营权向农民合作社、专业大户流转等主体流转，并提出要建立农村产权流转交易市场。我国目前已经出台了一系列有关农村土地承包经营权流转的法律规范，但是现有的涉及土地流转的法律条文分散在不同的法律中，由于制定这些法律的部门有着各自的利益考量，立法技术存在差别，因而会出现法律不配套的情形。而且在实践中也存在着流转程序不规范、监督机制不完善等问题，流转纠纷时有发生。为此我们应该进一步完善土地流转制度，完善相关法律法规，从法律层面赋予农村土地承包经营权物权属性，保护农户的承包权和自主经营的权利；明确土地流转方式的具体内涵，制定出切实可行的规则规范农村土地流转行为。还应该加强土地流转市场的中介服务组织和基础设施的建设，为土地流转创造良好的条件。

三、建立健全农村土地证券化的运行机制

（一）明确新型农业经营主体的地位

由于单个农户家庭土地规模较小，通常采用传统的经营方式，盈利能力有限、抗风险能力不强、资金薄弱，缺乏作为发起人的经济基础与专业能力，在传统农业向现代化农业发展的过程中也必然会形成农民合作社等多元化的经营主体，因此本书提出由农户在自愿基础上流转土地组成新型经营主体作为发起人，但目前这些新型农业经营主体的地位还不明确。

针对农业股份合作企业的立法仅有2007年的《农民专业合作社法》，其他的仅有一些有限的规定、通知和指导意见等，所以在实践中存在着诸多的法律盲区，而其他法律涉及农业股份合作企业的条文甚至存在冲突的情况。目前各个地区的做法各不相同，有的以村为单位自主经营，有的对外联合成立股份合作企业。农业股份合作组织有别于《民法通则》中规定的企业法人、社会团体、机关、事业单位法人四类法人，但现有的

法律并没有对股份合作组织的特殊法人地位做出明确规定。地方政府虽然对此作出了一些规定，但这又与《行政法》中“地方法规规章不能设定应由国家统一规定的法人或其他组织的资格资质的行政许可”的规定相矛盾，使农业合作组织的法人地位难以确定。

我国的家庭农场通常是由土地流转形成，与国外具有完全土地产权的家庭农场有着本质的区别。我国的家庭农场究竟是法人还是非法人组织，其地位究竟如何，目前还没有统一性的规定，实践中各地区之间还存在很大差异。新型农业经营主体地位的不确定阻碍了我国农村土地证券化的进程。为此，相关部门应在总结各地农业合作组织实践经验的基础上，尽快统一地方性的条例规定，制定出在全国范围适用的法律法规，在法律层面确定农业股份合作组织的地位，适时制定家庭农场等经营主体的相关立法，对其成立资格、运行程序、权利义务责任等都作出明确规定，并制定出具体的实施细则来规范农业经营主体的行为，均衡各参与方的利益，确保农民利益不受侵害。同时还应注意相关法律之间的配套和衔接，修订法律中的不合理条款。

（二）完善特殊目的机构的相关法律制度

风险隔离是资产证券化的核心制度安排，特殊目的机构（SPV）是证券化的核心主体，但我国还缺少针对SPV的专门法律。在我国，SPV主要有信托型和公司型两种形式。以信托形式设立的SPV被称为特殊目的信托，是指资产的原始权益人将证券化的资产作为信托财产信托给SPV，由SPV作为资产证券化的发行人发行代表对基础资产享有权利的信托收益凭证。现有研究大多综合考虑各方面因素，普遍认为信托模式是我国当前农村土地证券化的最佳选择。但是相关法律的规定还存在一些不确定性：根据信托的法律关系，原始权益人将基础资产信托于SPV后，这一资产的权利就转移到了SPV，原始权益人的债权人不能再对这部分资产主张权利。而SPV拥有的也是不完整的所有权，故其债权人也不能对这一资产主张权利，这就达到了风险隔离的目的。但现有的《信托法》等法律存在着资产转移有效性等问题，并没有明确规定受托人对信托财产的法定所有权，使资产证券化过程中的“真实出售”难以真正实现，也未对所得税的征收做出具体规定。以公司形式设立的SPV实施农村证券化面临如下障碍：根据我国的《公司法》等相关法律法规，设立公司对注册资本、净资产、累计债券余额股东人数等都有着具体的规定，《证券法》等法律对证券的发行也有着严格的要求，按照这些规定实施农村土地资产证券化根本无法达到降低成本和隔离风险的目的。我国应尽快建立和完善相关法律法规，对SPV的市场准入、经营管理等方面做出详细规定，建立一个既能够体现农村土地证券化的基本规律，又符合我国农村实际情况的法律机制；扩大《证券法》的调整范围，明确农村土地证券的法律性质及适用条款、规范证券化的工作流程。

（三）促进中介服务机构的发展

中介机构的发展也是农村土地证券化顺利推行的重要条件。在农村土地证券化过程中，发起人通过将一定期限内的收益“真实出售”给SPV实施证券化，把原来独自承担的利率风险、信用风险等最终转移到了不同的投资人手中。投资者自身无法对风险进行有效评估，必然要借助中介机构的服务来完成其投资决策。我国农村土地证券化过程中的中介机构主要有信用增级机构、信用评级机构等。SPV为了提高证券化产品对投资者的吸引力、降低发行成本，就需要对整个交易进行信用评级和增级，中介机构的规范有序运转是农村土地证券化能否成功的重要决定因素。

信用评级是对发行者及其所发行证券的质量进行评估的行为，通常资产证券化过程会进行初评与发行评级两次信用评级。信用评级机构是为了促进信息不对称的资产支持证券交易过程透明，提高投资者的信心，负责对发行人及其发行的证券的信誉和违约可能性进行判断的独立机构。它一方面可以帮助发行人确定为了达到所需的信用级别所要采取的信用增级方式和水平，另一方面向投资者公布最终评级结果帮助投资者进行决策。证券的信用等级越高，说明其风险越低，采用证券融资的成本也就越低。公信力强的评级机构有着严格的评级程序和标准，并在资产支持证券的存续期内持续追踪监督其经营业绩，综合评价其风险因素，做出升级、降级或维持信用评级的决定。通过这一系列严格的评级程序和清晰的标准，信用评级机构可以有效保护投资者的利益，因此起着不可替代的作用。也正是因为这样，必须保证评级机构的客观性和权威性。我国目前的评级机构的运作程序不够规范和透明，时常受到来自政府部门的干预，评级结果不够独立客观，整体服务水平不高；信用评级相关的立法还有待进一步完善，缺乏法律的保障，未形成有效的监管机制。因此政府要支持信用评级业的发展，制定和完善相关法律法规，规范信用评级机构的行为，积极培育信用评级市场、维护评级市场秩序，加强评级机构的建设，为评级工作的顺利开展扫清障碍，为我国的农村土地证券化工作提供有力的支持。因此政府要支持信用评级业的发展，制定和完善相关法律法规，规范信用评级机构的行为，积极培育信用评级市场、维护评级市场秩序，加强评级机构的建设，为评级工作的顺利开展扫清障碍，为我国的农村土地证券化工作提供有力的支持。

信用增级是 SPV 在证券发行之前采取一些措施来提升证券化产品的信用级别，强化证券化产品的流动性，提高产品对投资者的吸引力。信用增级有外部和内部信用增级两种手段，内部信用增级主要通过优先/次级结构、超额抵押账户等方式；外部信用增级可以通过担保公司、保险公司等第三方机构来提供信用支持。我国农业生产成本较高，农民收入增长缓慢。2015 年财政部、农业部联合下发《关于调整完善农业三项补贴政策的指导意见》，提出要建立和完善农业信贷担保体系为粮食适度规模经营主体提供风险补偿和信用担保；同年财政部、农业部、银监会联合下发《关于财政支持建立农业信贷担保体系的指导意见》，提出要在 2016 年建立省级农业信贷担保机构并正式运营，解决农业"融资难、融资贵"的问题。我国应该贯彻落实相关文件精神，适应新时期农业农村发展的需要，创新担保模式，提升农业土地证券化的信用级别，充分发挥财政支农资金的杠杆作用，降低农业股份合作组织等适度规模经营主体的融资成本和经营风险。担保企业也应该健全自身的内部管理结构，建立政府主导、市场化运作的农业担保机制，转变观念，提升工作质量和管理水平，把风险控制在可控的范围内。同时，政府还应该探索建立新的农业担保经营风险补助制度，创新农业担保资金的来源结构，整合各方面的力量支持农业的现代化建设，建立合理的利益共享、风险共担的机制，促进农业担保机构的持续发展。

农业保险也是外部信用增级的一种方式，应该在农村土地证券化过程中发挥重要作用。证券化的一个重要前提就是基础资产能够产生可预期的稳定的现金流，而经营农地的收益常常会受到天气、农产品市场价格等因素的影响而产生波动。要想实现农村土地证券化，就应该充分发挥农业保险的作用，为弱质性的农业提供保护，使农地经营能获得较稳定的收益。1949 年我国就在北京组建了中国人民保险公司，借鉴苏联经验很快在试点地区开始办理农业保险，后由于种种原因中断，直到 1982 年才开始恢复。2004 ~2018 年的中央一号文件连续 15 年都从战略上对农业保险工作提出了要求，我国政策性农业保险制度开始建立，2012 年《农业保险条例》的出台对中国农业保险发展有着里程碑式的意义，2018 年的中央一号文件提出要探索开展的三大粮食作物的完全成本保险、收入保险等新险种是降低农业生产风险、提高农民收入的又一新的尝试。目前，我国还没有制定专门的《农业保险法》，作为行政法规的《农业保险条例》效力不高、内容不够完善，对财政补贴范围、保险费补贴水平等没有做出明确的规定，可操作性较差。农业保险的财政补贴制度还有待完善，已有的涉农保险品种无法满足广大农民的需求，农业巨灾风险保障能力不足，难以应对大范围的自然灾害。因此，要扩大农业保险的覆盖面，增加农业保险品种，大力发展以农民需求为导向的农业保险，开发适合规模经营主体的险种，建立起政府引导、市场化运作的农业保险体系，通过自有资金、外来资金、农业巨灾风险再保险和巨灾基金等方式构建有效的农业巨灾风险分散管理体制，为农民收入持续稳定增长和农业生产的健康发展提供支撑，为农村土地证券化创造条件，为农业发展提供有效的低成本长期融资渠道。

四、完善风险防范机制

（一）加强政府部门的扶持与监管

各国实践都证明，政府在资产证券化过程中都起着不可替代的作用。例如，美国、德国、日本等国政府不仅为资产证券化制定相关的法案，还在早期为证券的发行提供强大的信用支持，提高证券化产品对投资者的吸引力，促进了本国资产证券化的发展。

在监管方面，我国的金融业从 1993 年起长期实行分业经营、分业监管的管理体制，但农村土地证券化涉及多个行业，是银行、证券、保险和信托等行业的混业经营产品。在我国进行利率市场化改革的大背景下，金融混业经营已经成为一种趋势，现有的分业监管体制已经无法完全适应这种趋势，继续坚持分业监管可能会弱化监管效率，出现大量金融活动无人监管或重复监管的情形，导致监管缺乏公信力。

我国的农村土地证券化的推行也离不开政府的扶持与监管，除了建立和完善农业保险制度和农业担保制度外，政府还应该对农业合作组织、SPV 和中介机构等机构实施税收减免等优惠政策。税收的高低直接决定着农村土地证券化的发行成本和投资者的投资热情，因此农村在土地证券化过程中必须考虑成本因素。

选择税率低甚至没有纳税义务的SPV能够增加发起人和投资者的收益。按照现行法律规定，在农村土地证券化的过程中，基础资产的“真实出售”环节需要缴纳的税种包括营业税、印花税、所得税等，根据SPV的不同组织形式还要缴纳不同水平的所得税，投资者的投资收益或证券交易收益等也需要缴纳一定的所得税。政府应该出台相应的优惠政策，充分发挥宏观调控，对于长久处于弱势的农村经济以政策支持，扶持从事农业生产的适度规模经营的农村股份合作组织，特别是生产市场紧缺农产品的组织，发挥其在农业供给侧结构性改革中的重要作用；鼓励粮食生产中减少农药化肥的不合理使用，降低化肥农药等对环境的污染，发展生态农业；树立大农业观，促进农产品加工业的快速发展，建立和完善为农业提供产前、产中、产后全过程综合服务的农业社会化服务体系，推动第一、第二、第三产业的融合发展。

要解决金融混业经营趋势与分业监管的矛盾，促进我国农村土地证券的发展，就要消除现有制度上的障碍，完善《商业银行法》、《证券法》、《保险法》等法律法规，为金融领域的混业经营创造条件，探索尝试突破分业经营界限，发展金融领域的混业经营模式。同时要建立多部门协调配合的金融监管协调机制，明确各部门的职责、义务，规范决策机制，构建以知识和信息为基础的新型监管体系，提高监管人员的业务素质和服务意识，提升服务水平。当然在此过程中，政府部门应做到转变职能，强化服务理念，减少直接行政命令的干预，尽量采取经济、政策法规等方式对金融业进行监管。

在农地证券化实施过程中，还要防止土地非农化、非粮化的现象发生。我国农地证券化的推行应采用试点推进的方式，这会不可避免地允许某些地区出现一定程度的突破法律限制的行为。

在没有相关规定对此类行为进行监督、限制的情况下，有可能出现利益集团借改革之机“圈地”、侵害农民利益的情况。为此我国应实行最严格的耕地保护制度，并对土地用途实施严格管制，将耕地保护纳入官员考核指标体系，切实保护农民合法权益，保障我国经济社会发展的长远利益。

（二）完善农村社会保障制度

对我国农民而言，土地不仅是他们收入的重要来源，还承担着最低生活保障、失业和养老保障等功能，对年龄大的农民还有一定的心理保障作用，很多农民为此宁愿抛荒弃耕也不愿意放弃土地。这给农村土地流转、实现规模化经营带来一定的困难，也会影响农村土地证券化的实施。出现这种情况的一个很重要的原因在于农村社会保障体系还不完善，农民担心失去土地以后没有了生活来源，考虑到“退路”而对土地制度创新持观望或否定态度。在党和政府的大力推动下，近年我国农村社会保障有了明显的进步，国家已经全面取消了农业税并对农业采取了直接补贴政策，新型农村合作医疗、农村养老保险、最低生活保障制度等也取得了显著的成绩，但是在农村社保资金的来源、管理和有效利用等方面仍然存在很大不足，相关配套制度不健全，农村医疗、养老等保障存在覆盖面窄、保障水平较低等问题，部分农民希望通过保有土地来维持最基本的生活，影响了土地流转和农业股份合作社的发展。完善的农村社会保障能够免除农民的后顾之忧，弱化甚至部分替代土地的社保功能，促进土地生产要素性质的发挥，加快土地流转的进程，形成新的规模经营主体，有利于农村土地证券化的推进。为此国家应该加大对农村的财政转移支付力度，大力推进社会保障公共服务均等化发展，实现城乡居民平等享有与其基本需求相适应的社会保障服务，降低农民对土地的依赖程度，弱化土地在农村社会保障中扮演的角色，为农村土地证券化的实施创造有利条件，推动农业向规模化、机械化方向发展。

五、本章小结

农村土地证券化能够为农业发展筹集资金，促进农业向规模化、机械化经营方向发展，还有利于缩小城乡收入差距和资源的优化配置。我国已经具备了实施农村土地证券化的客观条件，农业经济行为的最终实施主体——农民也有实施土地证券化的意愿。本章在分析中国现状的基础上，提出我国实施农村土地证券化要进一步加强农村土地产权制度和流转制度改革，明晰界定土地产权关系，促进农村土地合理有效利用，为农村土地证券化创造良好的制度环境；建立健全农村土地证券化的运行机制，明确农业新型经营主体的法律地位，为农村土地证券化创造良好的前提条件，完善与特殊目的机构相关的法律制度，规范证券化的工作流程，促进中介机构的发展，为证券化的顺利进行提供良好的服务；完善风险防范机制，加强政府部门的扶持与监管，出台税收等方面的优惠政策，建立和完善农业社会化服务体系，完善《商业银行法》、《证券法》、《保险法》等法律法规，为金融领域的混业经营创造条件，发展金融领域的混业经营模式，完善农村社会保障制度，免除农民的后顾之忧，为农村土地证券化的实施创造有利条件。

第八章

研究结论及研究展望

一、研究结论

农村土地证券化是资产证券化理论在农村土地利用中的具体运用，是解决农业发展资金难题的有效方法。本书分析了我国实行农村土地证券化的作用及现实条件，对农户的农村土地证券化意愿及影响因素进行实证分析，在借鉴发达国家和地区实践经验的基础上，提出了我国农村土地证券化的机制设计，并在理论研究的基础上提出了我国实施农村土地证券化的政策建议。

由于西方发达国家与我国国情存在较大差异，国内外农村土地证券化研究的重点不同，不能直接照搬其研究成果，但是其对农业的重视程度、融资的先进经验等还是对我国有较大的借鉴意义。日本进行土地证券化的原因是其土地规模小、经济效益低下，这点我国有相似之处，因而其经验更值得我们学习。国内的研究还处于起步阶段，没有形成统一的定义，但从实践顺序上来看，学者们都逐渐将资产证券化的理念引入了农村土地证券化的研究；普遍得出农村土地证券化可以促进土地流转、提高土地利用效率、优化资源配置，已有的文献定性研究多而定量研究少，很少有针对某一特定地区的深入研究，对农村土地证券化的参与者——农户意愿的研究更少，这些方面的研究都有待进一步深入。本书提出农村土地证券化定义为：在土地规模化、集约化利用的基础上，通过结构性安排，将一定期限内土地的未来收益转化成可以流通的证券的过程。通过证券化，原本缺乏流动性不易拆分的农村土地变成了可以拆分的小额可交易证券，增强了资源的流动性。

土地制度和资金短缺与我国的“三农”问题有着紧密的联系，现行的农村土地制度曾经对我国的经济增长做出过巨大贡献，但逐渐暴露出土地利用细碎化、农业投资严重不足、城乡收入差距加大、土地抛荒现象加剧等问题。作为一种金融创新，资产证券化是金融发展的方向，发达国家的实践已经证明了这一点，我国的资产证券化也在2015年迎来爆发元年，据Wind等机构统计，2018年我国发行的资产证券化产品达到19901亿元的规模，在此背景下，农业也不应该被排除在证券化之外，否则处境会更加恶化。农村土地证券化是资产证券化在农业中的利用，有助于现阶段我国“三农”问题的解决。土地面积有限、位置固定、供给稀缺，经营土地可以产生较稳定的现金流，是一种适合证券化的资产。从我国资产证券化的实践、法律法规和政府文件等方面来看，我国基本具备了实施农村土地证券化的条件。

在我国基本具备了实施农村土地证券化的客观条件的基础上，作为农业经济行为的最终实施主体，农户的态度就显得格外重要，政府文件中也一再强调了要尊重农民的主体地位。本书在对湖北省农户进行问卷调查的基础上，分析了农户家庭基本特征、农户财产收支情况、承包土地耕作条件及区域环境四大类因素对农户农村土地证券化意愿的影响。研究结果表明，农户家庭人口数量、养殖业收入、生活性支出和农业支出无显著影响。农户家庭的男性人数、在读学生人数、高中以上学历人数越多，种植业收入、经营性收入越高，土地面积越大，农村土地证券化的诉求越强烈；户均年龄越大、房屋造价和务工收入越高，农村土地证券化的诉求越弱。山地和丘陵地区农户的证券化意愿高于平原地区，国家级贫困县地区农户的证券化意愿高于省会城市和一般地区。

通过研究美国、德国、日本等发达国家的实践，发现农村土地证券化离不开政府的支持，需要有健全的法律作保障，同时需要专业中介服务机构的支持。在借鉴国外成功经验的基础上，提出可以由农户在自愿基础上成立新型农业经营主体作为发起人，以农村信用社作为SPV，以农业银行和邮政储蓄为资金保管机构实施农村土地证券化，提出了农村土地证券化的具体操作流程，并采用Monte Carlo方法模拟了我国农村土地证券的定价过程。

从进一步加强农村土地制度改革、健全农村土地证券化的运行机制、完善风险防范机制三个方面提出了我国实施农村土地证券化的建议，提出我国目前要改革和完善现有的农村土地产权制度和土地流转制度，明确新型农业经营主体的法人地位，完善与特殊目的机构相关的法律规定，促进中介服务机构的发展，为农村土地证券化创造条件。应该加强政府部门的扶持与监管，建立健全农业社会化服务体系，完善现有法律，出台税收等方面的优惠政策，建立多部门协调配合的金融监管协调机制。还应完善农村社会保障制度，免除农民的后顾之忧，促进我国农村土地证券化的健康发展。

二、研究展望

农村土地证券化是一个复杂的系统工程，需要综合经济、金融、法律、农业、社会学等相关理论知识进行综合交叉研究，要在短时间内系统掌握、熟练运用以上学科知识有较大难度。笔者将继续关注农村土地证券化问题，学习和巩固相关系统知识，以期对此类问题的研究更加深入。

由于我国还缺乏真正意义上的农村土地证券化实践，因此缺乏对农村土地证券化实施效果的实证分析，导致文章的说服力略嫌不足。本书在对湖北省农户进行抽样问卷调查的基础上研究农户的土地证券化意愿，但问卷的设计有待进一步优化，如何选取恰当的变量进行定量分析，增强说服力，这是今后努力的一个方向。

由于我国还没有真正的农村土地证券化实践，因此对农村土地证券化价格确定方法的讨论缺乏实际案例的支持。本书对农村土地证券化产品的定价过程进行模拟，但对不同地区政府对农业的支持力度等因素考虑不足，这也有待进一步的深入研究。

附录

一、对农村土地问题的问卷调查

（一）农户家庭基本情况调查

1. 您的家庭人口数量：__________

2. 您的家庭男性人口数量：__________

3. 您家庭的在读学生人数：__________

4. 您家庭高中以上学历人数：__________

5. 您家庭的平均年龄：__________

（二）家庭财产和收支情况调查

6. 您家房屋的总价格：__________

7. 您家近三年平均种植业收入：__________

8. 您家近三年平均养殖业收入：__________

9. 您家近三年平均经营性收入：__________

10. 您家近三年平均务工收入：__________

11. 您家近三年平均生活支出：__________

12. 您家近三年平均农业支出：__________

（三）农户承包土地耕作条件调查

13. 您家庭目前承包土地面积：__________（亩）

14. 您家庭承包地块数量：__________

15. 您家庭承包地地形（　　）

A. 平原　　B. 山地　　C. 丘陵　　D. 其他

16. 您家庭所在地的城市属于（　　）

A. 省会城市　　B. 国家级贫困县　　C. 其他区域

（四）农户农村土地证券化意愿的调查

17. 您当地农村土地流转情况如何？（　　）

A. 有很多农村土地进行流转

B. 有流转，但涉及的土地数量少

C. 没有流转

18. 您以前是否有承包地流转的经历？（　　）

A. 是　　B. 否

19. 您是否愿意将土地证券化？（　　）

A. 是　　B. 否

20. 您是否愿意将承包土地入股成立农业股份合作组织，由集体经营土地，个人按股分红？（　　）

A. 是　　B. 否

21. 您是否愿意将承包土地流转向种粮大户或农业企业？（　　）

A. 是　　B. 否

22. 您是否愿意流转，自己经营更多土地？（　　）

A. 是　　B. 否

23. 您是否愿意以承包地经营权作抵押进行长期融资？（　　）

A. 是　　　　B. 否

24. 您觉得农民最重要的生活保障应该是（只能选择一项）：（　　）

A. 现有的承包土地

B. 现有的经济作物

C. 一份稳定的工作

D. 和城市居民相同的社会保障

E. 您认为的其他因素（请用文字说明）__________

25. 您认为提高土地收益的途径是（　　）。

A. 维持现状

B. 土地集中经营

C. 土地使用权出售和自由买卖

D. 增加对土地的投入

E. 土地作物大规模成片种植

F. 您认为的其他途径（请用文字说明）__________

二、农村土地证券产品1定价的Matlab程序

```
r = 0.03;                          % 市场无风险利率；
R = 0.04;                          % 收益会受农产品价格的影响,假定土地收益以通胀率的速度递增；
sigma = 0.5;                       % 假定土地收益是一个正
```

态随机变量,均值为 mu,波动率为 sigma;

```
mu = 1500;
T = 10;                              % 土地证券化期限;
N = 10000;                           % Monte Carlo 模拟的次数;

factor = zeros(1,T);                 % 将土地收益折现的折现
```
因子,包括无风险利率和土地收益增长率两个方面;

```
factor1 = zeros(1,T);                % 将证券的利息和本金折
```
现的折现因子;

```
S = zeros(N,T);                      % 土地收益各期的折现值;
FaceValue = 10000;                   % 发行证券的面值;

NormRand = normrnd
    (mu,sigma,[N,T]);                % 土地收益的正态随机
```
抽样;

```
for ii=1:T
    factor(1,ii) = ((1 + R)./(1 + r)).^ii;
end

for jj = 1:T
    S(:,jj) = NormRand(:,jj)*factor(1,jj);
end
Svalue = sum(S,2);                   % 将各期土地收益折现后
```
加总,得到 10 年内土地收益总现值;

```
for ii =1:T
     factor1(1,ii) = (1./(1 + r)).^ii;
end

Bond = FaceValue * sum
     (factor1);                    % 证券息票部分剔除票面
利率后的现值;

Interest = zeros(N,1);             % 每次模拟得到的票面
利率;

for ii = 1:N
     Interest(ii,1) = (Svalue(ii,1) - FaceValue./((1 + r).^
10))./Bond;
end
interest = mean(Interest);         % 对模拟得到的票面利率
进行求平均值,得到所求的证券票面利率。
```

三、农村土地证券产品2定价的Matlab程序

```
Alpha = 0.5;                       % 利率过程均值回复率;
Beta = 0.035;                      % 长期利率水平;
Sigma = 0.15;                      % 利率波动率;
```

```
Sigma_Bar = 0.25;                % 土地现金流收益波动率;
A0 = 1000;                       % 当前土地现金流;
c = 0.02;                        % 农产品价格指数增长率;
T = 10;                          % 土地证券存续时间;

% 利率抽样
Deltat = 1;                      % 抽样时间间隔;
Nsim = 50000;
r = zeros(Nsim,10);
r_adjust = zeros(Nsim,10);
P = zeros(Nsim,1);

for kk = 1:Nsim

        r(kk,1) = Beta ;         % 假定初始利率为长期利率
水平;

    for ii = 1:9
        r( kk,ii+1) = r(kk,ii) + Alpha.*( Beta - r
(kk,ii)).*Deltat + Sigma.*sqrt(r(kk,ii)).*sqrt(Deltat).*
randn(1,1);
        if r( kk,ii+1) < 0
            r( kk,ii+1) = Beta;
        end
    end
       r( kk,:) = r( kk,:) + 1;
```

```
for i = 1:9
    r_adjust(kk,1) = r(kk,1);
    r_adjust(kk,i+1) = r_adjust(kk,i) * r(kk,i+1);
end

% 现金流抽样
    a = zeros(10,1);
for jj = 1:10
        a(jj,1) = A0. * (1 + c).^(jj) + Sigma_Bar. *
randn(1,1);
end

a = a';
P(kk,1) = sum(a./r_adjust(kk,:));

End
```

四、可回购期权模拟的Matlab程序

```
function C = CPrice(S,X,sigma,T,rf)
% S 标的当前价格
% X 期权执行价格
% sigma 标的波动率
```

```
% T 期权到期时间,以年为单位
% rf 无风险利率

d2 = (log(S./X) + (rf - 1./2 * (sigma.^2)) * T)./(sigma * sqrt(T));

d1 = d2 + sigma * sqrt(T);

C = S * normcdf(d1) - exp(-rf * T) * X * normcdf(d2)。
```

参考文献

[1] Albertazzi U, Eramo G, Gambacorta L, et al. Asymmetric Information in securitization: an empirical assessment [J]. Journal of Monetary Economics, 2015 (7): 33 – 49.

[2] Alexander Levin, Andrew Davidson. Prepayment Risk and Option – Adjusted Valution of MBS [J]. Journal of Portfolio Management, 2005 (3): 73 – 85.

[3] Arrow K J, Debreu G. Existence of an Equilibrium for a Competitive Economy [J]. Econometrica: Journal of the Econometric Society, 1954 (3): 265 – 290.

[4] Barzel Y. Economic Analysis of Property Rights [M]. Cambridge: Cambridge University Press, 1989.

[5] Bell P. Farmland Ownership Restrictions: Between a Rock and a Hard Place [J]. Unpublished manuscript, Department of Economics, University of Victoria, 2014.

[6] Bentley Jeffery W. Economic and Ecological Approaches to Land Fragmantation: in Defense of a Much – maligned Phenomenon [J]. Annual Review of Anthropology, 1987 (16): 31 – 67.

[7] Bernard L, Greiner A, Semmler W. Agricultural Commodi-

ties and their Financialization [M]. NY: The City University of New York, 2012.

[8] Bhattacharya A K, Fabozzi F J. Mortgage and Mortgage - backed Securities Markets [M]. Boston: Harvard Business School Press, 1992.

[9] Boerema G E. Turning Straw into Gold: Federal Securitization of Agricultural Commodies [J]. NCL Rev, 2004 (3): 690 - 735.

[10] Burch D, Lawrence G. Financialization in Agri - food Supply Chains: Private Equity and the Transformation of the Retail Sector [J]. Agriculture and Human Values, 2013, 30 (2): 247 - 258.

[11] Coase R H. The Problem of Social Cost [J]. Journal of Law and Economics, 1960 (3): 1 - 44.

[12] Fairbairn M. Like Gold with Yield: Evolving Intersections between Farmland and Finance [J]. Journal of Peasant Studies, 2014 (5): 777 - 795.

[13] Fischhendler I. The Securitization of Water Discourse: Theoretical Foundations, Research Gaps and Objectives of the Special Issue [J]. International Environmental Agreements: Politics, Law and Economics, 2015 (3): 245 - 255.

[14] Gabriel H D. Warehouse Receipts and Securitization in Agricultural Finance [J]. Unif. L. Rev, 2012 (17): 369 - 376.

[15] Gyourko J, Sinai T. The REIT vehicle: Its Value Today and In the Future [J]. Journal of Real Estate Research, 1999 (2): 355 - 375.

[16] Haslam C, Tsitsianis N, Andersson T, et al. Real Estate

Investment Trusts (REITS): A New Business Model in the FTSE100 [C]. Accounting Forum Elsevier, 2015 (4): 239 - 248.

[17] Hill C A. Securitization: A Low - cost Sweetener For Lemons [J]. Journal of Applied Corporate Finance, 1997 (10): 64 - 71.

[18] Hung P V, Macaulay T G, Marsh S P. The economics of Land Fragmentation in the North of Vietnam [J]. Australian Journal of Agricultural & Resource Economics, 2004 (17): 195 - 211.

[19] James C. Off - balance Sheet Activities and the Underinvestment Problem in Banking [J]. Journal of Accounting Auditing Finance, 1989 (4): 227 - 243.

[20] Kanitra P. Real Farm: The Speculative Opportunity of Land Values [A]. Futures News Analysis & Strategies for Futures Options & Deri, 2014.

[21] Ketkar S L, Ratha D. Development Financing During a Crisis: Securitization of Future Receivables [R]. World Bank Policy Research Working Paper, 2001: 1 - 33.

[22] Klenosky D B, Perry Hill R, Mullendore N D, et al. Distinguishing Ambivalence from Indifference: A study of Attitudes toward Land Trusts among Members and Nonmembers [J]. Land Use Policy, 2015 (8): 250 - 260.

[23] Kolm J. Securitization, Shadow Banking, and Bank Regulation [J]. Social Science Electronic Publishing, 2015 (11): 1 - 32.

[24] Larder N, Sippel S R, Lawrence G. Finance Capital, Food Security Narratives and Australian Agricultural Land [J]. Journal of

Agrarian Change, 2015 (4): 592 -603.

[25] Lon Y, Hotta K et al. Impact of Land Fragmentation on Economic Feasibility of Farmers in Rice - based Farming System in Myanmar [J]. Journal of the Faculty of Agriculture, Kyushu University, 2011 (1): 163 - 170.

[26] Lucas B., Willi S., Jason N. S. Non - Standard Securitizations: Their Economic and Financial Applications Potential [J]. Technology and Investment, 2011 (2): 1 - 7.

[27] Lumpkin S. Trends and Developments in Securitization [J]. Financial Market Trends, 1999 (7): 25 - 57.

[28] McMillan J, Zhu L. The Impact of China's Economic Reform on Agricultural Productivity Growth [J]. Journal of Political Economy, 2014 (4): 781 - 807.

[29] Mirović V, Bolesnikov D. Application of Asset Securitization in Financing Agriculture in Serbia [J]. Ekonomika Poljoprivrede, 2013 (3): 551 - 564.

[30] Nguyen T, Cheng E, Findlay C. Land Fragmentation and Farm Productivity in China in the 1990s [J]. China Economic Review, 1996 (7): 169 - 180.

[31] Natacha A D, Hisatoshi A I, Yasushi A. New Patterns of Investment under Real Estate Securitization Evidence from the Tokyo Market [J]. Regional Studies, 2012 (1): 1 - 23.

[32] Noguchi Y. Land Problem in Japan [J]. Hitotsubashi Journal of Economics, 1990 (2): 73 - 86.

[33] Nenad Vunjak, Vera Mirović. Capital Rasing for Financing Serbian Economy [J]. Strategic Management, 2015 (2): 38 - 48.

[34] Ketkar S, Ratha D. Recent Advances in Future – Flow Securitization [J]. Financier, 2004 (5): 11 – 29.

[35] Jabarin A S, Epplin F M. Impacts of Land Fragmentation on the Cost of Producing Wheat in the Rain – fed Region of Northern Jordan [J]. Agricultural Economics, 1994 (11): 191 – 196.

[36] James K. Off – Farm Labor Markets and the Emergence of Land Rental Markets in Rural China [J]. Journal of Comparative Economics, 2002 (30): 395 – 414.

[37] Pagano M, Volpin P. Securitization, Transparency, and Liquidity [J]. Review of Financial Studies, 2012 (8): 2417 – 2453.

[38] Ruttan V W. Induced Institutional Change [M]. Baltimore: Johns Hopkins University Press, 1978.

[39] Robert Rwhn. The Liquidity of Capital [M]. New York: McGram Hill Inc., 1987.

[40] Roever W A, Fabozzi F J. A primer on Securitization [J]. The Journal of Structured Finance, 2003 (2): 5 – 19.

[41] Snowden K A. Covered Farm Mortgage Bonds in the United States During the Late Nineteenth Century [J]. Journal of Economic History, 2010 (4): 783 – 812.

[42] Swinbank A., Tranter R. A Bond Scheme for Common Agricultural Policy Reform [M]. Oxfordshire: CABI Publishing, 2004.

[43] Schwarcz S L. The Future of Securitization [J]. Connecticut Law Review, 2009 (4): 1313 – 1325.

[44] Schwarcz S. L. The Alchemy of Asset Securitization [J]. Social Science Electronic Publishing, 1994 (1): 133 – 154.

[45] Sherrick B J, Mallory M L, Hopper T. What's the Ticker Symbol for Farmland? [J]. Agricultural Finance Review, 2013 (1): 6-31.

[46] Sippel S R. Food Security or Commercial Business? Gulf State Investments in Australian Agriculture [J]. The Journal of Peasant Studies, 2015 (5): 981-1001.

[47] Tan, Shuhao, et al. Do Fragmented Landholdings Have Higher Production Costs? Evidence from Rice Farmers in Northeastern Jiangxi Province, China [J]. China Economic Review, 2008 (11): 347-358.

[48] Terry Van Dijk. Scenarios of central European Land fragmentation [J]. Land Use Policy, 2003 (2): 149-158.

[49] Tesfay H. Rural Land Dispute Settlement Mechanisms in Tigray: The Case of Humera [D]. Addis Ababa: Addis Ababa University School of Law, 2011.

[50] Tranter, Alan Swillbank, Richard. A Bond Scheme for Common Agricultural Policy Reform [D]. The University of Reading, UK, 2004.

[51] Tin Nguyen, Enjiang Cheng, Christopher Findlay. Land Fragmentation and Farm Productivity in China in the 1990s [J]. China Economic Review, 1996 (7): 169-180.

[52] Vasilescu L G, Popa A. Modern Instruments in Rural Financing [J]. Bulletin of University of Agricultural Sciences and Veterinary Medicine Cluj-Napoca. Horticulture, 2008 (2): 138-143.

[53] Wan Guang H, Cheng E. Effects of Land Lragmentation

and Returns to Scale in the Chinese Farming Sector [J]. Applied Economics, 2001 (33): 183 - 194.

[54] Warda M. Land Trusts in Florida [M]. Sphinx Publishing, 2004.

[55] Williamson O E. Markets and Hierarchies: Analysis and antitrust Implications [M]. New York: Free Press, 1975.

[56] Williams J W. Feeding Finance: A Critical Account of the Shifting Relationships between Finance, Food and Farming [J]. Economy and Society, 2014 (3): 401 - 431.

[57] Wheaton B, Kiernan W J. Farmland: An Untapped Asset Class? Quantifying the Opportunity to Invest in Agriculture [J]. Food for Thought, 2012 (7): 58 - 79.

[58] Yair M, Butzer R, Larson D F. Heterogeneous technology and paneel data: The case of the agricultural production function [R]. Policy Research Working Paper Series 4536, the World Bank, 2008.

[59] Yengnibeh J. Land Tenure and Sustainable Livelihoods in the Lawra District, Ghana [D]. Nkrumah University, 2009.

[60] Zhang L X, Huang S, Rozelle. Land policy and land use in China [J]. Agricultural Polices in China, 1997 (3): 71 - 77.

[61] Zakic V, Kovacevic V, Ivkov I, et al. Importance of Public Warehouse System for Financing Agribusiness Sector [J]. Ekonomika Poljoprivrede, 2014 (4): 929 - 1008.

[62] 艾云航. 实现农业集约化、现代化的必由之路——浙江乐清县土地适度规模经营的调查 [J]. 农业技术经济, 1994 (4): 8 - 11.

[63] 鲍杰，葛静．基于MCS方法的高斯仿射利率期限结构模型研究［J］．中国管理科学，2015（7）：10－17.

[64] 毕继业，朱道林，王秀芬．建立土地证券化的理论思考［J］．农村经济，2003（9）：10－13.

[65] 蔡继明．论中国农村土地制度改革［J］．山东农业大学学报（社会科学版），2005（5）：1－8.

[66] 常焕焕．我国农村土地证券化模式构建研究［D］．延安：延安大学，2012.

[67] 陈爱娟，方浩．家庭联产承包责任制产生及其内在缺陷的经济学分析［J］．江苏社会科学，2004（4）：69－72.

[68] 陈美球，邓爱珍等．耕地流转中农户行为的影响因素实证研究——基于江西省42个县市64个乡镇74个行政村的抽样调查［J］．中国软科学，1997（9）：6－13.

[69] 陈锡文．资源配置与中国农村发展［J］．中国农村经济，2004（1）：146－155.

[70] 陈霄．中国城市土地资产证券化研究［D］．重庆：西南大学，2006.

[71] 陈志武．金融的逻辑［M］．北京：国际文化出版公司，2009.

[72] 程郁，王宾．农村土地金融的制度与模式研究［M］．北京：中国发展出版社，2015.

[73] 陈志武．为什么中国人勤劳而不富有［M］．北京：中信出版社，2008.

[74] 崔宁晓．不动产证券化及启示［J］．财经问题研究，1994（3）：55－56.

[75] 邓大才．试论农村土地承包权证券化［J］．财经研

究，2003（4）：48－54.

［76］刁怀宏，刘峰．农地承包经营权证券化：农户与贷款者间的信号博弈分析［J］．经济与管理研究，2005（9）：63－66.

［77］董利民，伍黎芝，王雅鹏．土地整理证券化设计研究［J］．金融理论与实践，2004（2）：55－57.

［78］董晓林，吴昌景．四大担保模式化解农民贷款难题［J］．农业经济问题，2008（9）：35－40.

［79］杜继勇．我国农村土地资产证券化问题探讨［J］．农业经济，2010（5）：43－45.

［80］杜明义．城乡统筹发展中农地资本化与农民土地权益保护［J］．湖北社会科学，2012（3）：100－103.

［81］范恒森．土地证券化与中国农业发展［J］．经济研究，1995（11）：68－71.

［82］傅德汉．农地金融的国际经验及启示［J］．中国金融，2013（5）：73－75.

［83］高圣平．农地金融化的法律困境及出路［J］．中国社会科学，2014（8）：147－166.

［84］高彦彬．农村土地金融创新与农村土地流转模式选择［J］．调研世界，2009（6）：22－24.

［85］郭步超．农村土地证券化与中国农村土地金融体系构建新论［J］．生产力研究，2009（2）：23－25.

［86］郭忠兴，汪险生，曲福田．产权管制下的农村土地抵押贷款机制设计研究——基于制度环境与治理结构的二层次分析［J］．管理世界，2014（9）：48－57.

［87］国务院发展研究中心“农村土地金融的制度与模式研

究”课题组．发达国家（地区）农地金融制度的经验及其启示［J］．发展研究，2015（7）：21－25.

［88］国家新型城镇化规划（2014～2020年）［EB/OL］．人民网，http：//politics. people. com. cn/n/2014/0317/c1001－24649809. html.

［89］关谷俊作．日本的农地制度［M］．金洪云译．上海：上海三联书店，2004.

［90］韩俊．推进农村金融体制的整体改革［J］．中国金融，2003（9）：16－17.

［91］韩俊．土地私有化会产生严重社会问题［N］．中国联合商报，2015－02－02.

［92］何小峰．资产证券化理论与案例［M］．北京：中国发展出版社，2007.

［93］何小峰．资产证券化：中国的模式［M］．北京：北京大学出版社，2002.

［94］贺雪峰．地权的逻辑：中国农村土地制度向何处去［M］．北京：中国政法大学出版社，2010.

［95］洪艳蓉．资产证券化法律问题研究［M］．北京：北京大学出版社，2004.

［96］胡仕琴．农村土地证券化研究［D］．南昌：江西财经大学，2010.

［97］胡振华，卢怡康．农村土地制度创新：农户农村土地证券化［J］．贵州大学学报（社会科学版），2015（4）：83－90.

［98］黄少安．土地产权、土地金融与农村经济增长［J］．江海学刊，2010（11）：86－92.

[99] 黄少安．发展土地金融的几种操作模式［N］．中国城乡金融报，2010－11－17.

[100] 黄贤金．国统区土地资金化的历史考察及本质探析［J］．中国农史，1994（3）：75－82.

[101] 黄贤金，陈志刚，钟太洋．土地经济学［M］．北京：科学出版社，2009.

[102] 黄小彪．土地证券化的难点与对策［J］．中国乡镇企业会计，2005（3）：31－32.

[103] 黄小彪．农村土地证券化：功能、障碍与对策分析［J］．生产力研究，2005（10）：43－52.

[104] 黄宇辉．农村土地证券化研究［D］．广州：暨南大学，2007.

[105] 黄祖辉，王建英，陈志钢．非农就业、土地流转与土地细碎化对稻农技术效率的影响［J］．中国农村经济，2014（11）：4－16.

[106] 黄祖辉，傅夏仙．浙江农村股份合作制：制度创新与实践［M］．浙江：浙江人民出版社，2002.

[107] 惠献波．美国、德国、日本农村土地金融制度及经验借鉴［J］．南方金融，2013（12）：57－61.

[108] 惠献波．农村土地证券化：国际经验借鉴与中国机制设计［J］．南方金融，2014（12）：63－66.

[109] 冀县卿，钱忠好．中国农业增长的源泉：基于农村土地产权结构视角的分析［J］．管理世界，2010（11）：68－75.

[110] 江磊．我国农村土地流转中的金融创新研究［D］．成都：西南财经大学，2010.

[111] 姜雪莲．日本农地流转信托研究［J］．世界农业，

2014（6）：45－50.

［112］晋瑾．中国农村土地证券化法律问题研究［D］．西安：西北大学，2009.

［113］靖富营．我国农村土地证券化问题研究［D］．天津：天津商业大学，2014.

［114］李功奎，钟甫宁．农地细碎化、劳动力利用与农民收入——基于江苏省经济欠发达地区的实证研究［J］．中国农村经济，2006（4）：42－48.

［115］李锐，朱喜．农户金融抑制及其福利损失的计量分析［J］．经济研究，2007（2）：146－155.

［116］李文辉，戴中亮．一个基于农户家庭特征的耕地抛荒假说［J］．中国人口·资源与环境，2014（10）：143－149.

［117］李鑫，欧名豪，马贤磊．基于景观指数的细碎化对耕地利用效率影响研究——以扬州市里下河区域为例［J］．自然资源学报，2011（10）：1758－1767.

［118］厉以宁．论城乡二元体制改革［J］．北京大学学报（哲学社会科学版），2008（2）：5－11.

［119］廖洪乐．我国农村土地集体所有制的稳定与完善［J］．管理世界，2007（11）：63－70.

［120］林锦尚．我国农村土地证券化法律问题研究［D］．北京：中国政法大学，2011.

［121］林毅夫．制度、技术与中国农业发展［M］．上海：上海三联书店，上海人民出版社，1994.

［122］林岗，刘元春．诺斯与马克思：关于制度的起源和本质的两种解释的比较［J］．经济研究，2006（6）：58－65.

［123］刘海龙，吴冲锋．期权定价方法综述［J］．管理科

学学报，2002（2）：68－73.

［124］刘涛，曲福田，金晶，石晓平．土地细碎化、土地流转对农户土地利用效率的影响［J］．资源科学，2008（10）：1511－1516.

［125］刘愿．农民从土地股份制得到什么？——以南海农村股份经济为例［J］．管理世界，2008（1）：75－81.

［126］卢建新，苏雨薇．中部地区农村土地流转与证券化意愿调查研究［J］．农业经济问题，2013（8）：49－55.

［127］卢克贞．农村土地承包经营权证券化研究综述［J］．征信，2011（5）：86－88.

［128］罗剑朝，聂强等．博弈与均衡：农地金融制度绩效分析——贵州省湄潭县农地金融制度个案研究与一般政策结论［J］．中国农村观察，2003（3）：43－51.

［129］骆友生，张红宇．家庭承包责任制后的农村土地制度创新［J］．经济研究，1995（1）：69－80.

［130］骆永民，樊丽明．土地：农民增收的保障还是阻碍［J］．经济研究，2015（8）：146－161.

［131］马国川．杜润生和中国农民的一个世纪［J］．山西青年，2012（8）．

［132］马克思．马克思恩格斯选集（第四卷）［M］．北京：人民出版社，1995.

［133］马贤磊，仇童伟，钱忠好．农村土地产权安全性与农村土地流转市场的农户参与——基于江苏、湖北、广西、黑龙江四省（区）调查数据的实证分析［J］．中国农村经济，2015（2）：22－37.

［134］马义华．证券化——农村土地制度改革的现实选择

[J]．学术论坛，2012（8）：136－140.

［135］马义华．证券化或是农村土地改革新途径［J］．中国土地，2009（9）：53－54.

［136］梅建明．再论农村土地适度规模经营——兼评当前流行的“土地规模经营危害论”［J］．中国农村经济，2002（9）：31－35.

［137］莫晓辉．我国土地资产证券化问题研究［J］．中外房地产导报，2003（7）：39－42.

［138］牟芳．农村土地流转中的农村土地金融创新研究［D］．广东：华南理工大学，2010.

［139］裴厦，谢高地，章予舒．农村土地流转中的农民意愿和政府角色——以重庆市江北区统筹城乡改革和发展试验区为例［J］．中国人口·资源与环境，2011（6）：55－60.

［140］钱小静，沈坤荣．城乡收入差距、劳动力质量与中国经济增长［J］．经济研究，2014（6）：30－43.

［141］钱忠好．农村土地承包经营权产权残缺与市场流转困境：理论与政策分析［J］．管理世界，2002（6）：35－45.

［142］乔榛．中国农村经济制度变迁与农业增长：对1978—2004年中国农业增长的实证分析［J］．经济研究，2006（7）：78－82.

［143］邵挺．美国联邦土地银行的演变及启示［J］．中国发展观察，2015（9）：70－73.

［144］邵挺．土地流转的“名”与“实”——政策演变与实践冲突［J］．中国发展观察，2015（3）：73－75.

［145］水向东，鲍杰．我国农业政策性金融发展面临的问题及成因探讨［J］．商业时代，2014（2）：85－86.

[146] 宋志秀，葛翔宇．土地资产证券化产品设计与风险防范［J］．统计与决策，2012 (6)：152 - 155.

[147] 苏小艳．农户参与土地股份合作制意愿的影响因素研究——基于孝感市三汊镇的调查［D］．武汉：华中农业大学，2013.

[148] 苏旭霞，王秀清．农用地细碎化与农户粮食生产——以山东省莱西市为例的分析［J］．中国农村经济，2002 (4)：22 - 28.

[149] 孙奉军．资产证券化效率分析［M］．上海：上海财经大学出版社，2004.

[150] 谭湘．农村土地资产证券化研究［D］．广州：暨南大学，2007.

[151] 谭淑豪，曲福田，尼克·哈瑞柯．土地细碎化的成因及其影响因素分析［J］．中国农村观察，2003 (6)：24 - 30，74.

[152] 谭术魁．农民为何撂荒耕地［J］．中国土地科学，2001 (9)：34 - 38.

[153] 田传浩，贾生华．农地制度、地权稳定性与农地使用权市场发育：理论与来自苏浙鲁的经验［J］．经济研究，2004 (1)：112 - 119.

[154] 田传浩，陈宏辉，贾生华．农地市场对耕地零碎化的影响——理论与来自苏浙鲁的经验［J］．经济学（季刊），2005 (4)：769 - 784.

[155] 万广华，程恩江．规模经济、土地细碎化与我国的粮食产量［J］．中国农村观察，1996 (3)：31 - 36，64.

[156] 王吉东，袁连升．发达国家农村土地证券化制度经验

及借鉴意义［J］．人民论坛，2014（10）：234－236.

［157］王建英，陈志钢，黄祖辉，Thomas Teardon．转型时期土地生产率与农户经营规模关系再考察［J］．管理世界，2015（9）：65－81.

［158］王璇．我国农村土地证券化法律问题研究［D］．南京：南京农业大学，2009.

［159］王少平，杨继生，欧阳志刚．计量经济学［M］．北京：高等教育出版社，2011.

［160］王燕．我国农村实行土地证券化的可行性分析［J］．甘肃农业，2005（10）：31－32.

［161］王少国．我国农村土地金融发展研究［D］．成都：西南财经大学，2011.

［162］王昭耀．关于传统农区土地适度规模经营问题探讨［J］．中国软科学，1996（5）：10－15.

［163］王金林，张健．日本两次跨越世纪的变革［M］．天津：天津社会科学出版社，2000.

［164］王敬尧，魏来．当代中国农地制度的存续与变迁［J］．中国社会科学，2016（2）：73－92.

［165］王万茂，黄贤金．论土地证券化［J］．中国土地科学，1993（5）：1－7.

［166］王克强，刘红梅．城市土地储备机制运作过程中的土地资产证券化研究——中国大陆资产证券化的突破口［J］．经济地理，2001（21）：88－91.

［167］王小映．土地股份合作制的经济学分析［J］．中国农村观察，2003（6）：31－39.

［168］王亚运，蔡银莺．空间异质性下农村土地流转状况及

影响因素——以武汉、荆门、黄冈为实证［J］．中国土地科学，2015（6）：18－25.

［169］温铁军．土地制度变革须审慎［J］．财经界，2014（9）：53－55.

［170］文贯中．吾民无地——城市化、土地制度与户籍制度的内在逻辑［M］．上海：东方出版社，2014.

［171］吴福明．英国房地产证券化透视［J］．广东金融，1993（9）：1－2.

［172］吴敬琏，周其仁，郑永年等．读懂中国改革2：寻找改革突破口［M］．北京：中信出版社，2014.

［173］习近平．务必执政为民重“三农”［N］．浙江日报，2005－01－10.

［174］小林义雄著，孙汉超，马君雷译．战后日本经济史［M］．北京：商务印书馆，1985.

［175］肖万春．农村土地股份合作制不能搞“大跃进”［J］．决策探索，2004（7）：53－55.

［176］肖轶，魏朝富，尹珂．农户农村“三权”抵押贷款需求意愿及影响因素分析——基于重庆市22个县（区）1141户农户的调查数据［J］．中国农村经济，2012（9）：88－96.

［177］谢小蓉．近年来中国农村土地使用权流转问题研究综述（2000—2008），纪念农村改革30周年学术论文集［C］．2008：680－700.

［178］谢天长，周玉华．美国不动产证券化及其借鉴［J］．政法学刊，1993（2）：47－50.

［179］徐汉明，杨择郡．推进土地股份合作制实施中的民意考量［J］．管理世界，2012（5）：176－177.

[180] 徐淑萍．试论推进农村土地使用权证券化的重要意义[J]．农业经济，2001（4）：30-32.

[181] 徐程程．我国农村土地金融发展模式及运行机制研究[D]．青岛：中国海洋大学，2013.

[182] 徐旭，蒋文华，应风其．农村土地产权：农民的认知与意愿——对浙江农户的调查[J]．中国农村经济，2002(12)：36-43.

[183] 徐旭，蒋文华，应风其．我国农村土地流转的动因分析[J]．管理世界，2002(9)：144-145.

[184] 徐明君．马克思与诺斯制度变迁理论比较研究[D]．南京：东南大学，2014.

[185] 许庆，田士超等．农村土地制度、土地细碎化与农民收入不平等[J]．经济研究，2008（2）：83-92，105.

[186] 阳国亮，何元庆．土地证券化：土地经营权流转制度的探索[J]．经济学动态，2003（6）：35-37.

[187] 杨小凯．中国改革面临的深层问题——关于土地制度改革[J]．战略与管理，2002（10）：1-5.

[188] 杨元庆，韩立达．我国农村集体土地使用权资本化问题研究[J]．农村经济，2008（4）：75-77.

[189] 杨元庆．刍议农村土地使用权资本化[J]．求实，2009(1)：34-37.

[190] 杨择郡．农村土地股份制合作与主体行为研究[D]．武汉：华中科技大学，2013.

[191] 杨怡婷，罗剑朝．农户参与农村产权抵押融资意愿及其影响因素实证分析——以陕西高陵县和宁夏同心县919个样本农户为例[J]．中国农村经济，2014（4）：42-57.

[192] 姚洋．农村土地制度与农业绩效的实证研究［J］．中国农村观察，1998（6）：1-10.

[193] 野口悠纪雄．土地经济学［M］．北京：商务印书馆，1997.

[194] 叶朋．农地承包经营权信托流转的发展历程与趋势［J］．中国农村观察，2016（1）：21-25.

[195] 易可君，杜志艳．稳步推进我国农村土地承包经营权的证券化［J］．湖湘论坛，2003（6）：61-63.

[196] 游和远，吴次芳．农村土地流转、禀赋依赖于农村劳动力转移［J］．管理世界，2010（3）：65-75.

[197] 余鹏翼，李善民．中国发达地区农村土地使用权流转性问题探讨——以广东省南海市为例［J］．中国农村经济，2004（12）：22-26.

[198] 益阳市农村土地信托流转研究课题组．农村土地信托流转实证研究［M］．湖南：湖南人民出版社，2013.

[199] 俞明轩．证券化是土地整理筹资的有效途径［J］．中国土地，1998（5）：22-23.

[200] 袁绪亚．土地市场价值运行证券化［J］．社会科学，1995（11）：16-20.

[201] 曾庆芬．产权改革背景下农村居民产权融资意愿的实证研究——以成都“实验区”为个案［J］．中央财经大学学报，2010（11）：63-68.

[202] 曾庆芬．土地承包经营权流转新趋势下农村土地金融问题研究［M］．北京：中国农业出版社，2011.

[203] 翟帅，胡梅，余静．土地流转证券化的农户选择和影响［J］．湖州师范学院学报，2015（1）：1-6.

[204] 张培刚. 发展经济学教程 [M]. 北京: 经济科学出版社, 2001.

[205] 张五常. 经济解释: 张五常经济论文选 [M]. 北京: 商务印书馆, 2002.

[206] 张月荣. 美国的土地信贷 [J]. 世界农业, 1994 (4): 10 - 11.

[207] 张红宇. 中国农地调整与使用权流转: 几点评论 [J]. 管理世界, 2002 (6): 76 - 87.

[208] 张庆昉. 农户结构和行为对借贷倾向的影响研究——基于湖南 2000 户农户的问卷调查 [J]. 财经理论与实践, 2010 (3): 24 - 29.

[209] 张丁, 万蕾. 农户土地承包经营权流转的影响因素分析——基于 2004 年的 15 省 (区) 调查 [J]. 中国农村经济, 2007 (2): 24 - 34.

[210] 张超英, 翟祥辉. 资产证券化: 原理、实务、实例 [M]. 北京: 经济科学出版社, 1998.

[211] 张娟. 中国农村土地权益证券化研究 [D]. 成都: 西华大学, 2013.

[212] 张曙光, 刘守英, 张弛. 土地流转与农业现代化 [J]. 管理世界, 2010 (7): 66 - 97.

[213] 张卫东. 新制度经济学 [M]. 大连: 东北财经大学出版社, 2010.

[214] 张照新. 中国农村土地流转市场发展及其方式 [J]. 中国农村经济, 2002 (2): 19 - 32.

[215] 张月蓉. 美国的土地信贷 [J]. 世界农业, 1994 (4): 10 - 11.

[216] 赵宇华. 资产证券化原理与实务 [M]. 北京：中国人民大学出版社，2007.

[217] 郑美江，范静. 农户土地承包经营权抵押贷款意愿分析——基于吉林省 7 县（市、区）农村地区的实地调查 [J]. 中国农村经济，2012（12）：41-48.

[218] 郑长博. 新农村建设中关于农村土地证券化的探讨 [J]. 特区经济，2008（8）：172-173.

[219] 中国农业银行战略规划部，中国家庭金融调查与研究中心. 中国农村家庭金融发展报告（2014）[M]. 成都：西南财经大学出版社，2014.

[220] 钟维宇. 农户土地承包经营权抵押贷款意愿影响因素分析——基于长沙县的调查 [D]. 长沙：中南大学，2013.

[221] 周诚. 土地经济学原理 [M]. 北京：商务印书馆，2003.

[222] 周其仁，杜鹰，邱继成. 发展的主题——中国国民经济结构的变革 [M]. 成都：四川人民出版社，1987.

[223] 朱玉林，陈洪. 农村土地证券化融资研究 [J]. 经济地理，2006（3）：412-414.

[224] 朱玉林，李佳，何冰妮. 农村土地证券化经济可行性研究[J]. 生产力研究，2008（8）：37-33.

[225] 朱喜，李子奈. 改革以来我国农村信贷的效率分析 [J]. 管理世界，2006（7）：68-76.

[226] 朱英刚，王吉献. 国外及台湾地区土地金融研究与借鉴 [J]. 农业发展与金融，2008（11）：39-41.

[227] 诸培新，金焱纯，代伟. 区域间农村土地流转影响因素比较分析——基于江苏省农户调研的实证研究 [J]. 中国土地

科学，2015（11）：21－26.

［228］藏波，杨庆媛，周滔．国外农村土地证券化研究现状、前景及启示［J］．中国土地科学，2012（10）：23－28.

［229］藏波，杨庆媛，周滔．农村土地收益权证券化的农户意愿及其影响因素——基于重庆市11个典型村的调研［J］．中国人口·资源与环境，2013（6）：51－58.

［230］左涛．中美资产证券化对比研究［J］．财政研究，2014（2）：75－77.

后 记

本书是在我的博士论文基础上修改完成的。在四年的博士生涯期间，我的导师汪小勤教授对我的学习和生活给予了无微不至的关怀与帮助，是汪老师的指导和鼓励使我能够坚持完成学业。汪老师渊博的学识、认真的态度让我受益终生，她对学生无微不至的关怀也让我感动，从汪老师身上我看到了一个学者的坚持和对中国前途的关心，以及对目前“三农”问题的忧虑，正是在汪老师的影响下，我选择了与“三农”问题密切相关的土地问题作为自己研究的方向，在此我向汪老师表示由衷的感谢。

感谢学习期间指导过我的华中科技大学经济学院的各位老师，他们无私的传授和教导让我获益良多；感谢黄啸、王成、侯丹、汪小芬等同事，感谢周祥康、黎婉仪、蒋志微、罗兰、张月霞、赵玉兰、韩美琴、张永生等同学，在他们的帮助下，本书研究的问卷调查工作才得以顺利完成；感谢郭锦川、魏华、邓刚等同事，以及易明、郑鹏、付书科、葛静、阳建辉、杨洋等同学在学习和生活中提供的帮助，我将铭记于心。

感谢山西师范大学经济优势专业建设项目（2017YSZY－06）、2018年度山西省高校人文社科重点研究基地项目：行业协会促进山西制造业转型升级的路径研究（0503）、山西师范大学统计学优质课程建设项目（2017YZKC－18）的慷慨资助。

最后感谢我的家人，你们的支持与鼓励是我永远坚实的后盾，你们是我前进的动力，让我学会了宽容、学会了责任、学会了奋斗、学会了积极的生活态度，你们的陪伴是我今生最大的幸运！